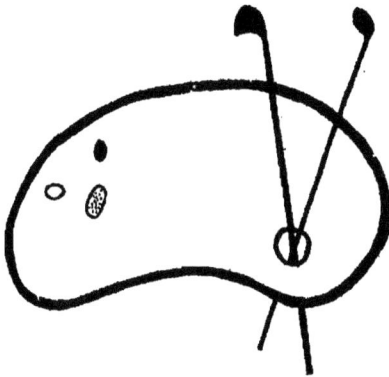

COUVERTURE SUPERIEURE ET INFERIEURE
EN COULEUR

COLLECTION MOURIAU

DESSINS ANCIENS

VENTE

SALLE N° 4

Les Jeudi 11 et Vendredi 12 Mars 1858.

EXPOSITION, SALLE N° 5

Le Mercredi 10 Mars.

M. **DELBERGUE-CORMONT**, Commissaire-Priseur.

LE CATALOGUE SE DISTRIBUE :

Chez M. **VIGNÈRES**, Marchand d'Estampes, rue Baillet, 1.

RENOU ET MAULDE
mp. de la comp. des Commissaires-Priseurs,
Rue de Rivoli, 144.

AVIS DIVERS.

BEAUX-ARTS. Les dessins anciens forment dans les arts une catégorie, qui, comme toutes les autres, procure un noble délassement ; mais encore les dessins anciens donnent matière à d'intéressantes études pour les amateurs sérieux. En effet, rien de plus curieux que d'avoir sous les yeux un échantillon du génie et du travail de tous les maîtres. Il y a là une source féconde de comparaisons intéressantes, par lesquelles un esprit observateur s'identifie avec les plus grands talens et se donne, dans un but utile ou agréable, ces jouissances intellectuelles faites pour le cœur et l'âme.

Ces peu de mots suffiront pour faire apprécier la collection de dessins anciens formée par M. Mouriau. Cet estimable collectionneur a voulu réunir, sans distinction d'écoles et d'époques, les œuvres des artistes les plus renommés ; il a atteint ce but avec beaucoup de peines et de temps, et aujourd'hui il offre aux enchères publiques un intéressant ensemble de 345 dessins, décrits au catalogue qui se distribue chez M. Vignères, expert et marchand d'estampes, rue Baillet, n° 1. La vente aura lieu sous la direction de M. le commissaire-priseur Delbergue-Cormont, les jeudi 11 et vendredi 12 courant. L'exposition publique aura lieu la veille, rue Drouot, 5, salle n° 5, au premier. 172.

ORDRE DES VACATIONS

DE LA

VENTE

DE LA RICHE COLLECTION

DE

DESSINS ANCIENS

DE M. A. MOURIAU

SALLE N° 4

ASSIGNÉE

Jeudi 11 Mars	Vendredi 12 Mars
23 — 45	1 — 22
67 — 97	46 — 66
103 — 113	98 — 102
119 — 139	114 — 118
151 — 163	140 — 150
185 — 194	164 — 184
206 — 218	195 — 205
227 — 232	219 — 226
248 — 253	233 — 247
273 — 276	254 — 272
304 — 345	277 — 303

On commencera à 1 heure très-précise.

IMP. RENOU ET MAULDE.

34.	Baur	Superline	60		38	110 · 112
42	Both	De Vries	25 —		52
					98
108	fragonard	Valperline			102
110	gaudinière	Turpin	36		223
113	Gelée	Superline	40		734 ·
					302
138	Hoffmann	Vries	47 —		344
189	Veel	Vries	111 —	
213	Potter	Vries	156 —	33
215	Courbet	Turpin	15	
311	Vischer	Vries	72 —	

9 Coste

8 ? !
4 ! 50
86 2 50   Depuis 17 50
1 0 50 le 1
5 1 0

CATALOGUE.

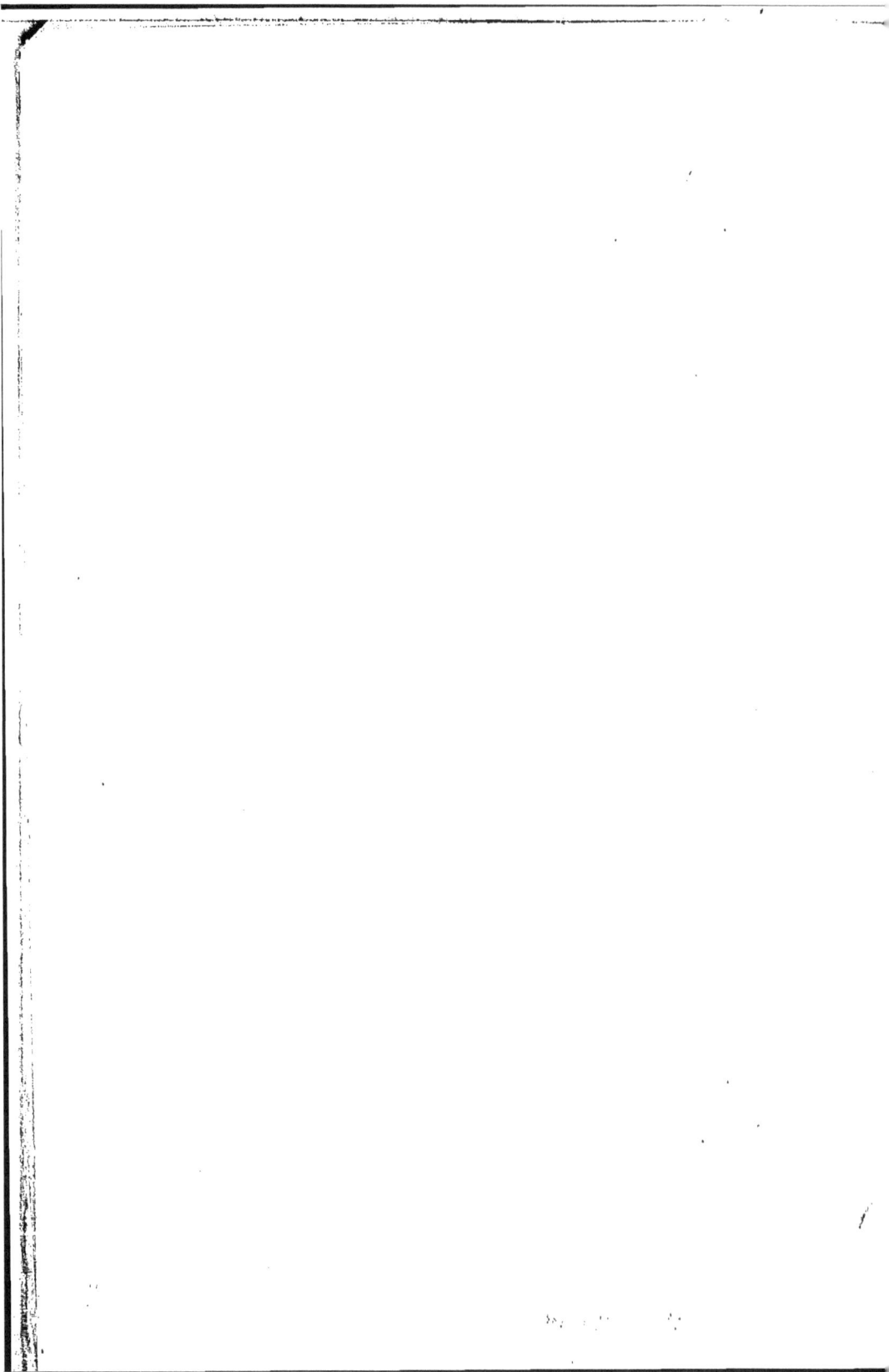

CATALOGUE

DE LA RICHE COLLECTION

DE

DESSINS ANCIENS,

Composant le Cabinet de

M. A. Mouriau,

ANCIEN CAPITAINE AU SERVICE DE BELGIQUE.

LA VENTE AURA LIEU A PARIS :

Les *JEUDI 11 et VENDREDI 12 MARS 1858*, à *UNE heure de relevée*,

Hôtel des Commissaires-Priseurs,

RUE DROUOT 5, SALLE N° 4, AU PREMIER.

EXPOSITION PUBLIQUE, SALLE N° 5.

Le Mercredi 10 Mars, de midi à 4 heures.

Commissaire-Priseur : M. DELBERGUE-CORMONT, rue de Provence, 8.

Expert : M. VIGNÈRES, rue Baillet, 1.

BRUXELLES,

TYPOGRAPHIE ET LITHOGRAPHIE DE JOSSE SACRÉ, CANTERSTEEN, N° 19.

— 1858 —

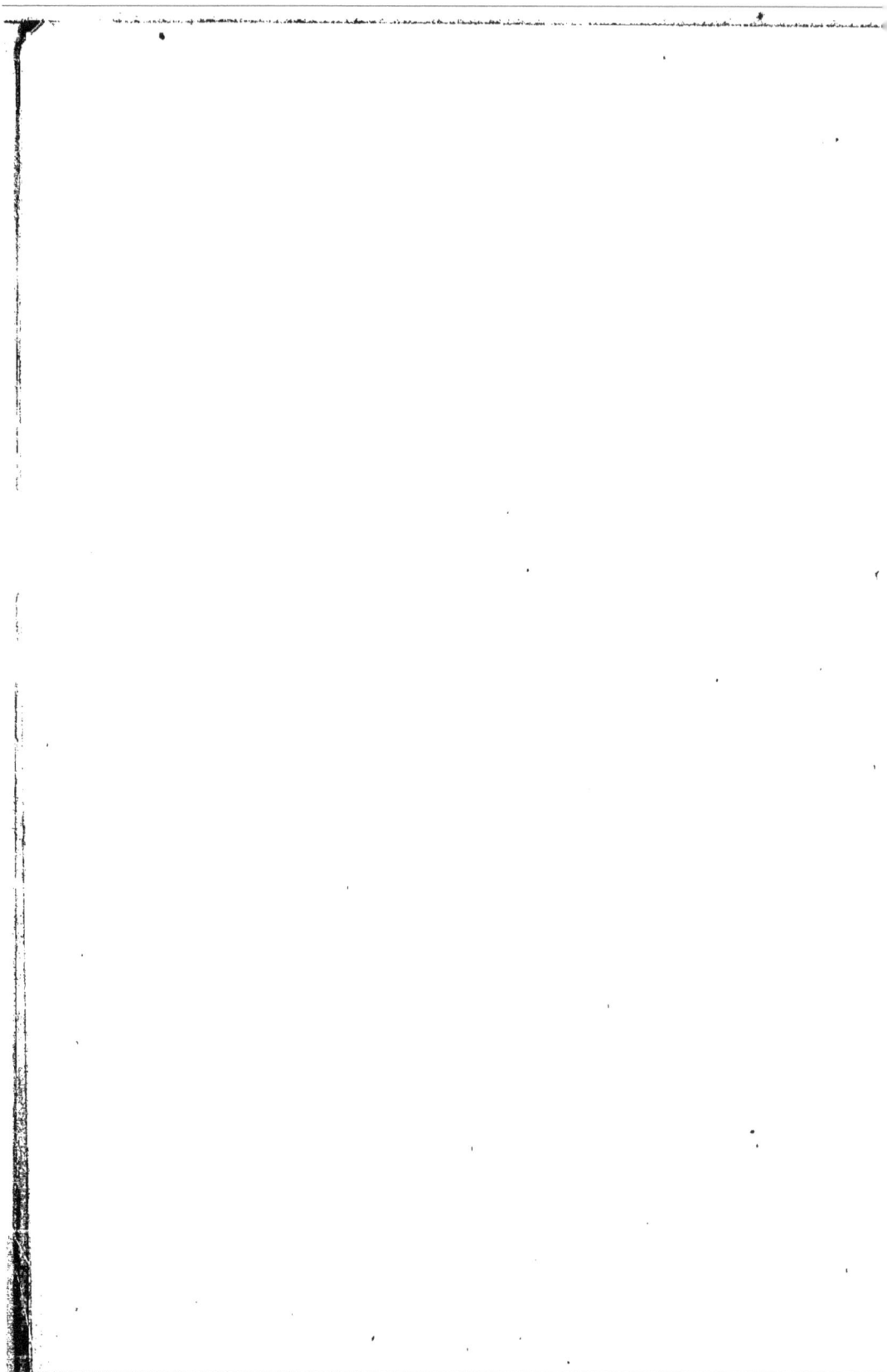

LE CATALOGUE SE DISTRIBUE :

A Paris,	chez M^r	VIGNÈRES.
Amsterdam,	»	BUFFA FRÈRES.
Berlin,	»	A MEYER.
Bruxelles,	»	C. MUQUARDT.
Francfort, s/m	»	JOSEPH BAËR.
Leipsick,	»	R WEIGEL.
Liége.	»	CH. VAN MARCKE.
Londres.	»	DOM. COLNAGHI et Cie.
Manheim.	»	ARTARIA.
Munich,	»	L. V. MONTMORRILLON.
Rotterdam.	»	LAMME.
Vienne,	»	ARTARIA.

CONDITIONS DE LA VENTE :

Elle aura lieu au comptant.

Les acquéreurs payeront cinq centimes par franc en sus du prix des adjudications.

L'exposition publique mettant à même MM. les amateurs et marchands de juger de l'authenticité, de la qualité et de la conservation des dessins, il ne sera admis aucun cas rédhibitoire une fois l'adjudication prononcée.

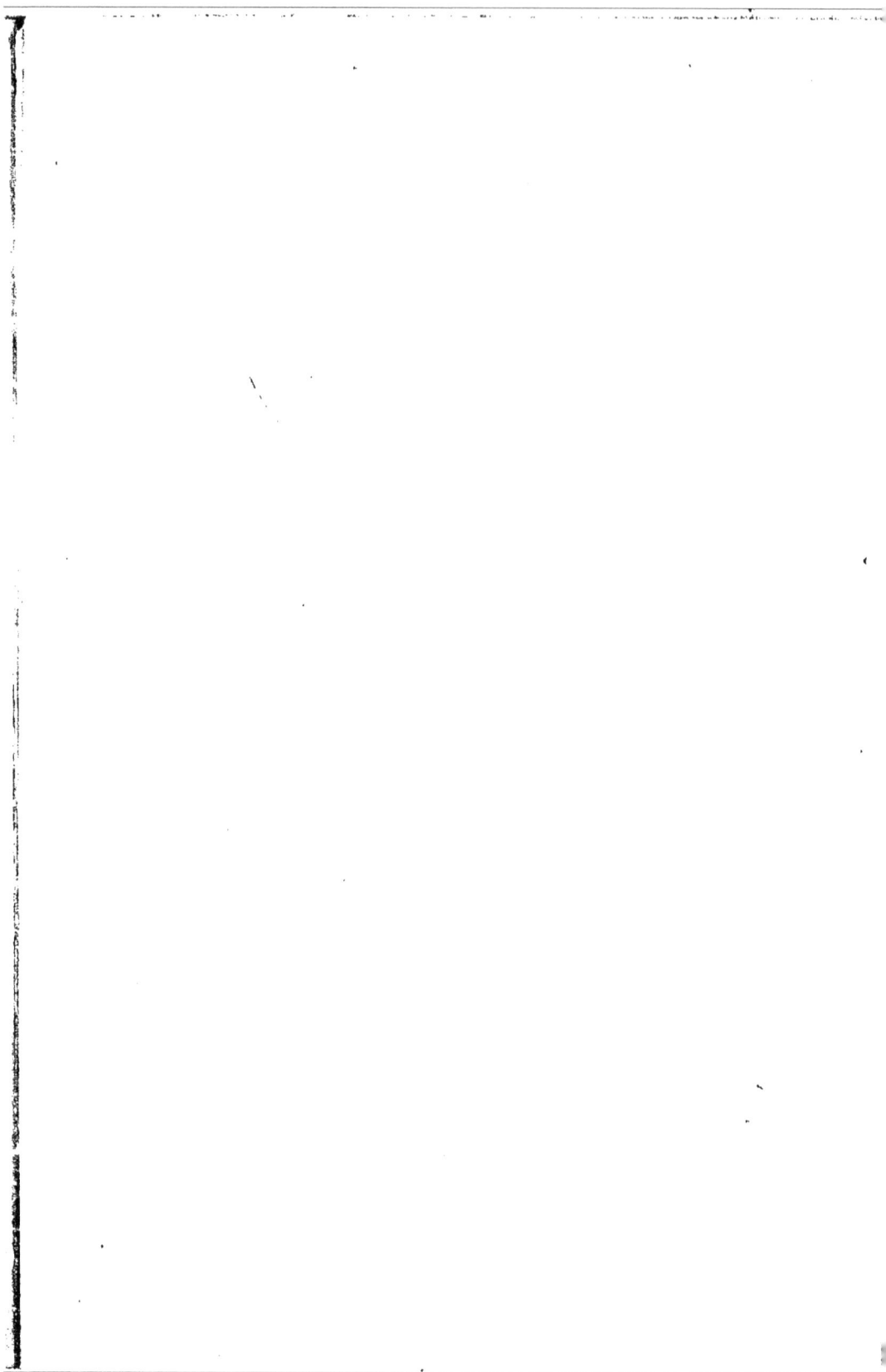

AVERTISSEMENT.

Le catalogue est fait par ordre alphabétique, pour faciliter la recherche des noms. Il y a aussi une table alphabétique par Écoles.

Les dimensions des dessins ont été mesurées en millimètres en passant en hauteur et en largeur par le centre des pièces, le papier n'étant pas toujours rectangulaire.

La première des deux dimensions énoncées détermine toujours la forme du dessin.

Tous les dessins sont faits sur papier blanc à moins que le contraire ne soit marqué spécialement.

Tous les dessins appartenant à la collection présente sont marqués, à gauche en bas, du cachet du collecteur; et son nom se trouve imprimé au dos des pièces.

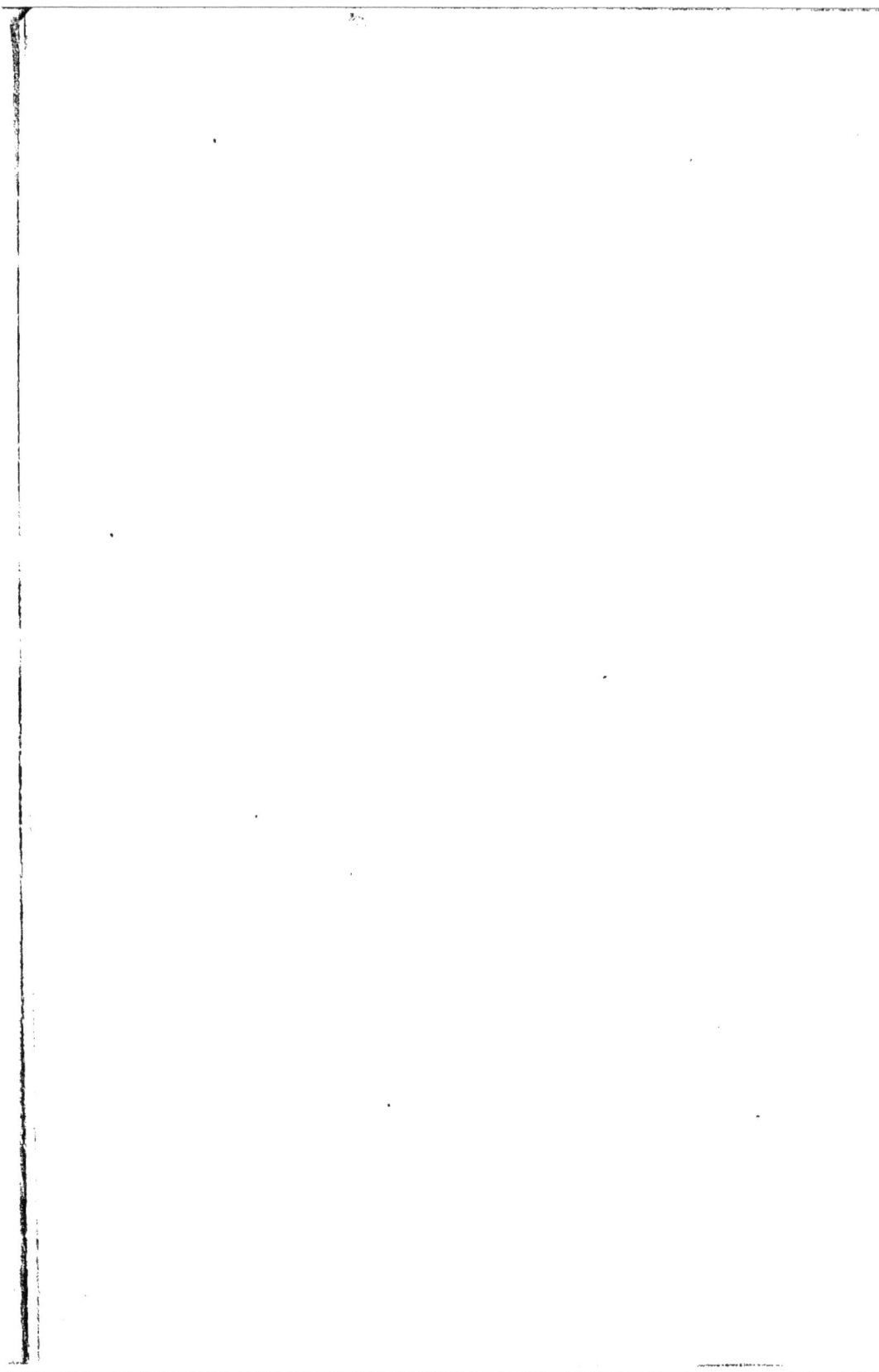

TABLE.

ÉCOLE ITALIENNE.

ÉCOLE FRANÇAISE.

ÉCOLES NÉERLANDAISES.

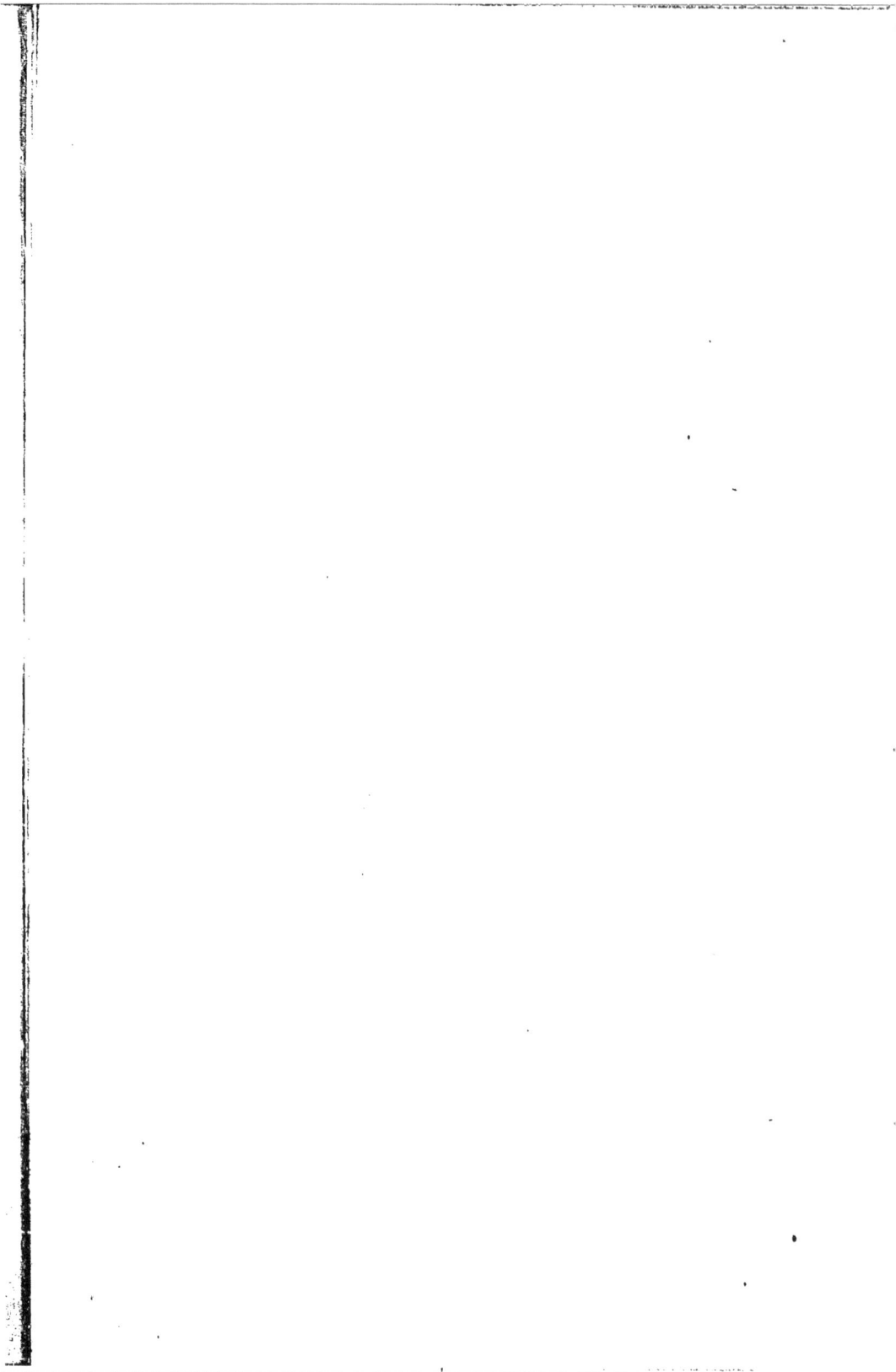

AVANT-PROPOS.

Des collecteurs, des collections et des catalogues de dessins anciens.

Dis-moi qui tu hantes je dirai qui tu es! La signification de ce proverbe n'est douteuse pour personne, et pareillement on peut dire à tout amateur plus ou moins expert en beaux-arts : Montrez votre collection et l'on vous dira vos goûts, vos préférences et le degré de votre savoir. C'est ainsi que l'on juge les autres, c'est ainsi que nous devons être jugés. Il est facile à comprendre qu'il ne peut être question ici, que de cette seule catégorie d'amateurs qui aiment à donner leurs moments de loisir au culte de l'une ou de l'autre branche des beaux-arts. Leur haute intelligence y trouve cette satisfaction, ce vrai bonheur que la fortune même ne donne pas toujours à ceux qu'elle favorise le plus, et ce sont d'ailleurs les plus nobles sentiments qui portent l'homme à rechercher, à posseder et à jouir de ce que l'art guidé par la nature peut produire de plus parfait. Nous n'avons pas voulu nous borner à rechercher uniquement les dessins des plus grands maîtres; une réunion de quelques noms, quelle que soit leur célébrité, ne formera jamais une collection à nos yeux. Ce que nous entendons par collection de dessins, c'est l'histoire entière de l'art du dessin, représentée au moins par une ou deux belles pièces de chaque artiste, qui s'est fait un nom estimable. C'est dans une collection pareille que se forme le goût, l'esprit et le vrai savoir de l'amateur comme de l'artiste. Là est la véritable école de l'art du dessin, sans lequel la peinture n'existe pas.

Pour les dessins italiens, nous avons recherché principalement ces pièces où les efforts du génie se révèlent presque constamment, avec ce faire si facile, signe certain d'études sérieuses, de grande pratique, et de vrai savoir. On ne doit pas perdre de vue que dans ces dessins, les lignes de premier jet, dans les études, frisent souvent la perfection, et dans les compositions expriment si bien la pensée, qu'on n'a pas la moindre peine de suppléer en imagination à ce qui ne paraît qu'indiqué.

Rarement, et nous dirons même jamais, ces admirables dessins n'étaient faits avec l'idée préconçue de transmission à la postérité ; ils étaient le résultat d'une pratique intime, et ils font voir combien était grand et réel le savoir de leurs auteurs. Il n'y a toutefois rien de surprenant de trouver dans des dessins, même des plus grands maîtres, quelque partie plus faible, à côté d'autres parties extrêmement remarquables. Assez dire que nous ne sommes pas de ces appréciateurs qui ne cherchent et ne voient que les prétendus défauts dans les dessins de la catégorie dont il est question ici.

Néanmoins nous estimons aussi, suivant leur mérite, les dessins finis ou plus terminés, et les anciens maîtres nous en ont laissés de vraiment beaux, témoin notre inimitable dessin N° 469. En fait de dessins terminés avec plus ou moins de soins, l'on ne doit cependant pas se dissimuler, qu'on se laisse peut être trop facilement séduire par le fini et la couleur. De nos jours la mine de plomb joue un grand rôle, et par elle souvent, les dessins n'offrent plus une œuvre, mais uniquement un travail net, revu, corrigé et exempt des traces d'un pénible enfantement ; rien n'y manque si l'on veut, mais y trouve-t-on un génie de maître ? Quoiqu'il en soit de ces deux catégories de dessins, la paisible possession d'une collection, vierge de toute substitution de noms et de toute fraude, permet de comparer et d'étudier le style et le talent de chaque maître. Il en résulte pour l'intelligent et heureux possesseur de la collection un savoir réel et une expérience incontestable. Malheureusement peu d'amateurs expérimentés ont écrit sur les dessins anciens. C'est qu'en général, les collecteurs ne sont pas comme les jours qui se suivent et ne se ressemblent pas, au contraire les collecteurs se suivent et se ressemblent considérablement. Ils ont été et ils seront de tous temps emportés par un goût excessif pour les arts et dominés par le seul et ardent désir de rechercher et de posséder les objets de leur convoitise. Ils ne songent pas de leur vivant à éclairer qui que ce soit, et après eux il ne reste rien de leur savoir, rien de leur expérience : les collections, fruits de tant de peines, de voyages et de frais, prennent la direction des enchères publiques, de la façon la plus simple et surtout la plus expéditive. Certes ce ne sont pas là les moindres motifs qui nous ont engagés à faire notre catalogue, et à y consigner quelques remarques, qui, aux yeux de l'amateur, peuvent déterminer l'esprit dans lequel notre collection a été formée. A notre exemple les amateurs finiront peut être par comprendre que l'intérêt des arts qu'ils cultivent, tout aussi bien que leur intérêt personnel, ou du moins celui de leurs héritiers, exigent qu'ils fassent eux-mêmes le catalogue de leurs collections, et qu'ils y consignent leur opinion sur chaque pièce. Quand ceux qui auront étudié la matière suivront cette règle, il n'y aura plus de méprise, on dira la provenance et les qualités des pièces, les connaissances se propageront, le goût s'épurera et les collections arriveront à cet éminent dégré de considération qui leur est dû.

De quelles pénibles impressions n'est-on pas saisi, à la vue de ces inconcevables catalogues de collections vendues après décès? Il semblait de règle autrefois, dans le Nord surtout, de livrer les collections en bloc aux directeurs de ventes, et ceux-ci se bornaient à donner un numéro d'ordre aux pièces par portefeuille; ils faisaient ainsi à la fois et un inventaire et un catalogue, sans ordre alphabétique, sans table de matières; en un mot ils faisaient un factum barbare, plus propre à dérouter qu'à aider l'amateur.

Aujourd'hui encore quand on est obligé de rechercher quelque renseignement dans ces fades nomenclatures de noms on est obligé de feuilleter la brochure du commencement à la fin, et alors encore, le plus souvent, les recherches sont vaines, les pièces marquées et numérotées par l'amateur sont introuvables.

Nous n'en dirons pas davantage en ce moment, ne voulant pas anticiper sur de futurs travaux que nous sommes à la veille d'entreprendre sur les dessins anciens. Nous traiterons de la nature des productions de chaque maître et de la manière de reconnaître l'authenticité de leurs dessins. Nous traiterons aussi des différents papiers qui ont servi aux artistes de toutes les époques. Nous apprécierons tous les catalogues anciens et finalement nous parlerons des services que peuvent rendre les collections publiques. Nous ne devons pas nous dissimuler que dans la présente époque encore, une grande majorité de toute une génération d'artistes se laisse entraîner et abandonne la nature et ses vrais modèles, pour reproduire les impostures de la mode, cette éternelle et cruelle ennemie de l'art.

Tout en nous séparant aujourd'hui de nos dessins, fruit de vingt-cinq années de voyages, de recherches dans tous les pays, de travaux et

d'études dans les collections publiques et privées, nous n'obéissons
qu'aux exigences de notre santé, qui réclame le repos; mais nous n'en
continuerons pas moins à écrire sur les dessins anciens. Entièrement
désintéressés dans les questions qui s'y rattachent, nous travaillerons
ainsi à élargir de plus en plus la voie des jouissances intellectuelles,
heureux si notre travail peut être de quelque utilité aux amateurs de nos
jours et les engager à fournir aussi le tribut de leur savoir et de leur
expérience.

Du reste nous avons fait notre catalogue avec simplicité et avec soin,
nous avons indiqué la forme et les dimensions de chaque dessin; nous
avons pareillement fait connaître la provenance des pièces et indiqué
les marques des collections antérieures. Nous croyons cependant utile
de faire remarquer ici que l'absence de toute marque de collection sur
un dessin s'explique facilement, en ce que ce dessin peut être resté inva-
riablement dans la même collection; il en est ainsi pour la plus part des
dessins trouvés dans le Nord, où très peu de collecteurs ont marqué leurs
dessins.

Nous avons suivi l'ordre alphabétique pour toutes les écoles réunies,
afin de faciliter les recherches dans le catalogue, néanmoins une table
alphabétique, par école, se trouve au commencement pour satisfaire au
goût de tous les amateurs. Et pour terminer, qu'il nous soit permis d'at-
tirer l'attention des collecteurs sur quelques noms, dont les productions
deviennent de plus en plus rares et par conséquent estimées; tels sont les
dessins des maîtres suivants : Le Corrège, Antonello de Messine, Backhuy-
zen, Barbarelli (dit le Giorgione), Barthélemy de St-Marc, Berghem, Both,
Buonacorsi (Perino del Vaga), Buonaroti (Michel-Ange), Canalotti, Carrache, Carlo Dolce, Van Dyck, Gellée (Claude Lorain), Hobbema, Van
Huysum, Kobell d'Utrecht, Lucas de Leyden, Ligozzi, Mabuse, Murillo,
Vanderneer, Ommeganck, Ostade, Potter, Poussin, deux pièces du petit
nombre de dessins que le maître finissait plus que d'habitude, comme
devant fournir le sujet de tableaux demandés, Ruibolini (dit le Francia),
Raphaël, Rembrandt, Rubens, Ruysdael, Martin Schoën, Van Stry. Le
Pérugin, Velasquès, rare dessin, nous n'en connaissons que trois celui
du Louvre compris. Vandevelde, Adrien et Guillaume, Léonard de Vinci,
Visscher, et tant d'autres pièces remarquables, de maîtres moins illus-
tres à la vérité, mais généralement choisies, comparées et vérifiées parmi
les meilleures productions.

A. M.

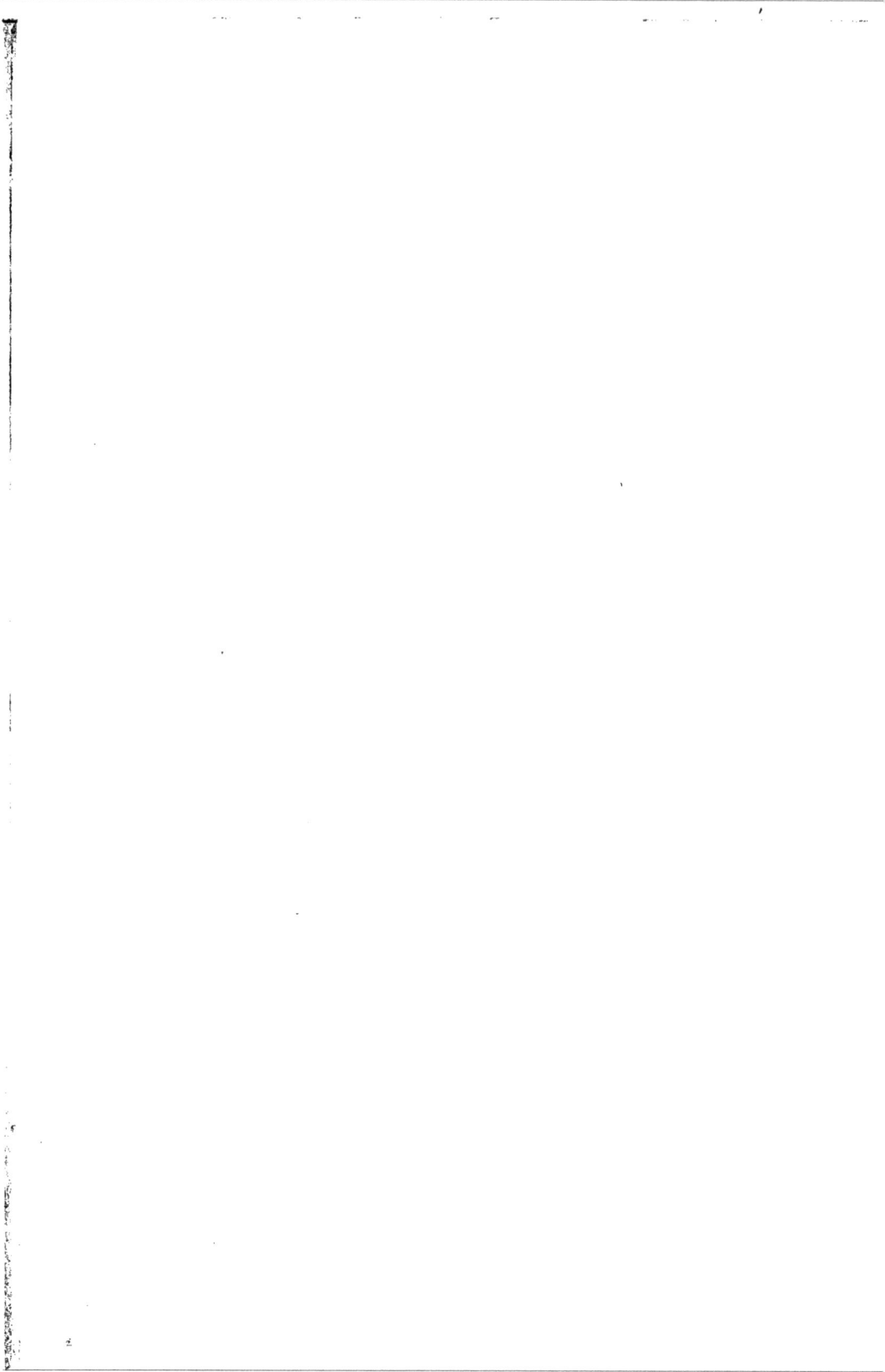

CATALOGUE

DU

CABINET DE DESSINS ANCIENS,

Formé par

M. A. MOURIAU,

ANCIEN CAPITAINE AU SERVICE DE BELGIQUE.

————∞————

1. Aken (J. Van). Paysage. A l'extrème droite l'on voit un chemin, deux arbres d'un côté, et un groupe de trois personnes de l'autre ; plus à gauche il y a deux maisons et dans le lointain un fleuve serpente entre d'énormes rochers. Très-joli dessin de composition et d'effet, il est arrêté à la pierre noire et lavé à l'encre de chine.

En largeur 0,282 sur 0,176

56

2. Allegri (ANTOINE, dit le *Corrège*). Étude pour une figure d'apôtre dans la coupole de Parme. La lithographie ci-jointe démontre les changements apportés par le maître à sa première pensée. Nous croyons parfaitement inutile d'appeler l'attention des amateurs sur l'importance, la rareté et la beauté de ce dessin, chacun l'appréciera. Fait à la sanguine.

En hauteur 0,392 sur 0,254.

150 Vrq

3. Allegri (ANTOINE, dit le *Corrège*). Étude. Tête de jeune femme dont le type se retrouve fréquemment dans les madones du Corrège et notamment dans les tableaux de l'Adoration des Bergers, de la Vierge et l'Enfant tenant le scapulaire, et de St-Sébastien. La tête est légèrement inclinée vers la droite et vue presque de face. Elle exprime avec

1

un gracieux sourire, un remarquable sentiment de sollicitude mater-
nelle. La forme presque carrée du dessin indique qu'il a été plus grand
et de plus on voit du côté gauche la marque évidente du haut de la
tête de l'Enfant que la Vierge tenait. Fait à la sanguine. De la collection
Denon.

En hauteur 0,308 sur 0,298.

4. Allegri (ANTOINE, dit le *Corrège*). Deux figures sur une même
feuille, l'une à gauche est une étude ou croquis pour un petit St-Jean,
qui présente des fruits à l'Enfant Jésus, dans le tableau de la Vierge
allaitant; l'autre à droite est un ange dans l'attitude de jeter des fleurs.
Ce petit dessin que M. Wicart a rapporté de Florence, nous a été cédé
par M. N. A. Pérignon, peintre et ancien expert des musées du Louvre.
A la sanguine.

En hauteur 0,11 sur 0,10.

5. Allegri (ANTOINE, dit le *Corrège*). Deux études sur une feuille. A
gauche un ange assis jouant du violon, et à droite un ange également
assis se retournant vers la droite. Cet admirable petit dessin est fait à
la plume et lavé de bistre. Au bas se trouvent les armes de la maison
des Médicis ; plusieurs membres de cette illustre famille ont possédé
des collections de dessins, et notamment Laurent, Julien et Come de
Médicis.

En largeur 0,187 sur 0,143.

6. Allegri (ANTOINE, dit le *Corrège*). Étude pour les têtes des deux
anges, qui tiennent l'armure de St-Georges devant le trone de la Vierge
dans le tableau de la galerie de Dresde. Ces deux têtes plus que grandeur
naturelle, sont d'un aspect vraiment imposant, d'un grand caractère et
d'une expression admirable. Elles sont lavées et coloriées en détrempe
sur un contour largement tracé à la pierre d'Italie. Papier gris jaunâtre. On lit à droite : Ant. du Corregio, f. 1510.

En hauteur 0,463 sur 0,363.

7. Andriessen (J.) Paysage et animaux. A gauche une ferme et
près de là on voit un petit garçon, deux vaches, trois moutons et un
chien qui va boire. Très-largement et spirituellement fait à la plume et
lavé d'encre de chine. On pourrait dire de ce maître qu'il fut le Cangiage du paysage.

En hauteur 0,425 sur 0,335.

8. Antonello de Messine Curieux dessin attribué au maître

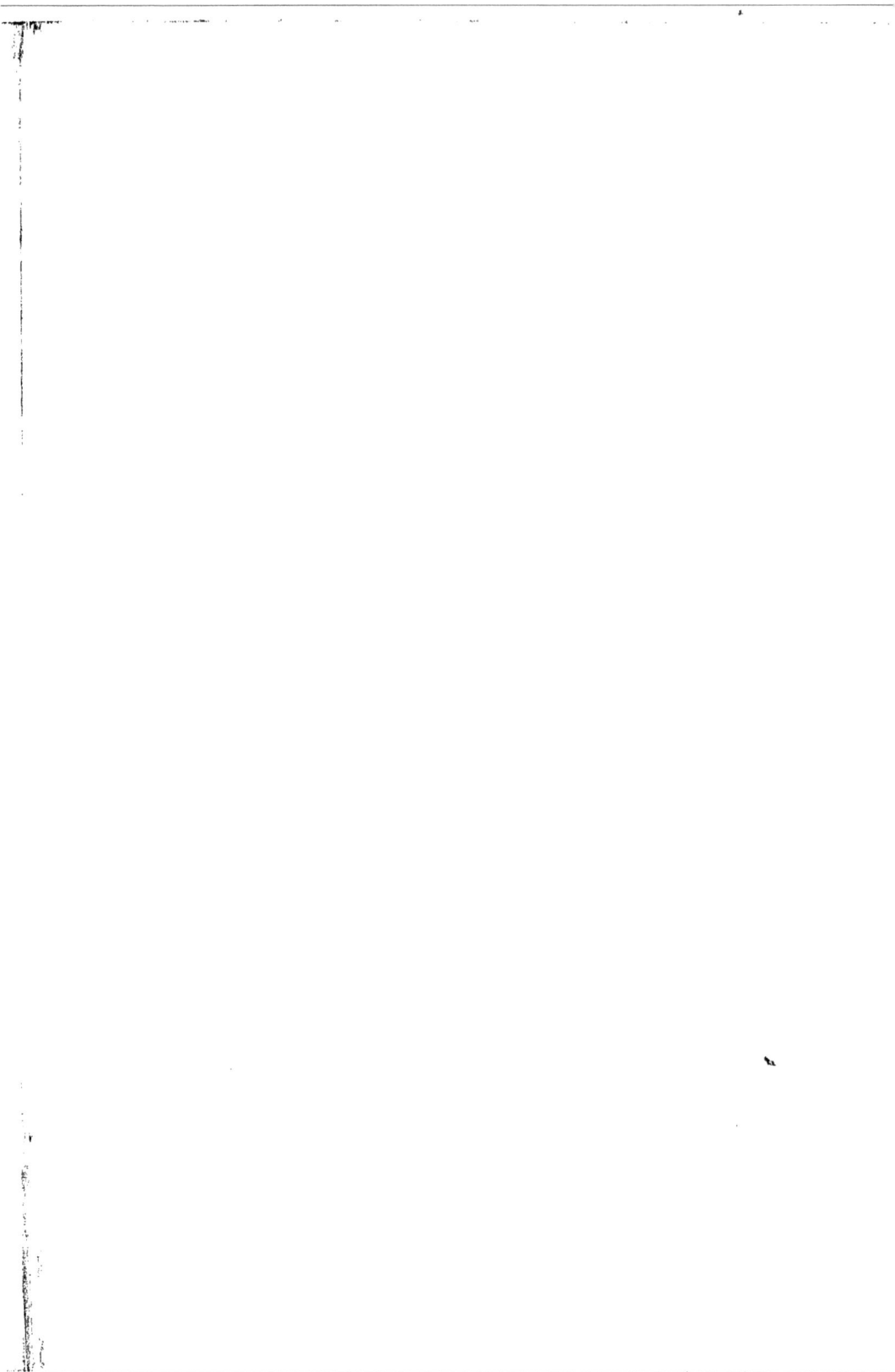

susdit par une note de Mariette, qui se trouve au dos de la pièce, et qui est ainsi conçue : « Fuit Crozat deinde aliis, et nunc honorabili de « Tersan, detur Gio di san gio, quod nulla similitudino causa, non « credendum est, certissimo autem Antonellii Missiniensis òpus esse, « mihi videtur. » *P.-J. Mariette.*

Nous ne discuterons pas l'opinion de Mariette, nous dirons seulement que nous avons découvert cet écrit en dédoublant le dessin, et qu'avant cela, il nous paraissait évident que le dessin en question devait être attribué à Marjotto Albertinelli, peintre, dont il portait le nom et qui mourut en 1512. Ce dessin représente le Christ, entouré de douze apôtres, derrière le Christ se trouve une table, les apôtres sont divisés en deux groupes, deux d'entre eux présentent un plat au Christ. Au fond de la salle dont la construction rappelle l'époque des Van Eyck, se trouve encore le Christ parlant aux apôtres réunis et prêts à sortir. Cet intéressant dessin est arrêté à la plume et lavé à l'indigo. Porte la marque d'une collection inconnue F. R.

En hauteur 0,162 sur 0,144.

9. Antonissen (H.-J.) Paysage. Dans la cour d'une ferme on voit quatre vaches, autant de moutons et une chèvre ; une fille puise de l'eau vers la gauche, et près des animaux il y a un homme et une femme. Les bâtiments de la ferme sont au fond et sur le côté droit.

Ce dessin, représentation naïve et fidèle d'une ferme flamande, est un très bel échantillon du talent du maître d'Ommeganck. Arrêté à la pierre noire et lavé de sépia ; au milieu en bas on lit H.-J. Antonissen, Anvers 1792.

En largeur 0,423 sur 0,278

10. Artois (JACQUES VAN). Paysage. A droite, à la sortie d'un bois, un chasseur avec son chien se dirige vers la gauche où l'on voit la plaine, des bois, et une église sur la hauteur. Largement et spirituellement fait à la pierre d'Italie et légèrement colorié.

En largeur 0,404 sur 0,232.

11. Asselyn (JEAN). Site d'Italie. A gauche on voit de majestueuses ruines et trois petites figures au bord de l'eau : quatre bœufs et un âne précédés d'un chien passent le gué, ils arrivent de la droite conduits par un homme à cheval. Le second plan à droite offre un riche paysage avec un lointain montagneux. A la plume et lavé d'encre de chine sur papier blanc.

En hauteur 0,265 sur 0,220.

4

12. Backhuysen (Ludolf). Marine. A droite une jetée où se voient quelques pêcheurs près d'une embarcation. A gauche un navire de guerre mettant sous voiles et plusieurs petites embarcations dans le lointain. Superbe dessin à la plume et au bistre, signé et daté 1671, provient de la collection du baron Verstock de Zoelen, n° 219 du catalogue.

En largeur 0,323 sur 0,193.

13. Backhuysen (L.) Marine. A droite des rameurs dans une barque se dirigent vers un trois mâts; à gauche la jetée où l'on voit douze figures, dont un homme à cheval. Un arc en ciel paraît à l'horizon à droite.

Arrêté à la plume et lavé à l'encre de chine.

En largeur 0,346 sur 0,206.

14. Baglione (Cesar). Très beau dessin représentant une tente royale; une ouverture au milieu laisse appercevoir un camp. Cette pièce est très remarquable comme ornementation et celui qui l'a faite avait dans ce genre une célébrité d'autant plus méritée aujourd'hui, que les médiocrités haineuses de l'époque l'accusaient sans cesse de manque de style etc. Fait à la plume et lavé à l'encre de chine.

En largeur 0,370 sur 0,230.

15. Balen (Henri Van). Sujet mythologique. A gauche, on voit Diane entourée de trois nymphes, elle est assise près d'un cours d'eau; devant elle se trouve un groupe de quatre nymphes dont trois lui facilitent la découverte de la faute de Calisto; deux autres nymphes se trouvent encore à droite. Très jolie composition, arrêtée à la plume sur un trait de sanguine et lavée à l'encre de Chine. A gauche la signature. *H. Van Baelen*, del. anno 1643.

En largeur 0,378 sur 0,245.

16. Bandinelli (Baccio). Deux figures d'hommes en pied, ils ont le côté droit nu et tourné vers le spectateur, le côté gauche est drapé; l'une figure détourne la tête, l'autre regarde le spectateur. Par le caractère grandiose et l'extrême vigueur de ce dessin, le maître fait voir la toute puissance d'une plume soumise à l'impétuosité d'un beau génie.

En hauteur 0,409 sur 0,272.

17. Barbarelli (Giorgio dit le *Giorgione*). La multiplication des pains et des poissons. Composition capitale de trente sept figures. « Un » des disciples de Jésus, qui était André, frère de Simon Pierre, lui

Weigel Co

» dit : Il y a ici un petit garçon qui a cinq pains d'orge et deux pois-
» sons, mais qu'est ce que cela pour tant de monde. Jésus leur dit,
» faites les asseoir etc. » Evangile selon St-Jean. Chap. 6. v-1.

Ce rare dessin faisait autrefois partie de la collection du baron Denon, n° 327 du catalogue. La gravure est jointe au dessin, Arrêté à la
plume et lavé de bistre.

En largeur 0,434 sur 0,252.

18. **Barbieri** (Le Guerchin). Le bain. Trois jeunes femmes, dans
des attitudes différentes ; les deux de droite ont les pieds dans l'eau,
celle de gauche est vue à mi corps. Très gracieux dessin fait à la
plume et au bistre.

En largeur 0,237 sur 0,190.

19. **Barbieri** (Gio Francesco, dit le *Guerchin*). Ce dessin capital représente les apprêts d'un sacrifice, fait entièrement d'une plume
ferme et au bistre, il joint à un grand fini, une belle expression de
sentiments.

Bartolozzi, a gravé ce dessin en fac-simile, mais sous son burin
toutes ces expressions aussi vraies, aussi calmes, aussi recueillies qu'une
cérémonie religieuse le commande sont devenues de véritable impostures.

Ce dessin se trouve encore très-convenablement lithographié dans
l'œuvre du baron Denon, auquel il a appartenu. Les deux pièces
précitées sont jointes au dessin. Il ne nous a pas été donné de trouver un
plus beau dessin du Guerchin.

En largeur 0,418 sur 0,374.

20. **Barbiers** (P.) Paysage. Dans l'intérieur d'un bois l'on voit à
droite un artiste assis et dessinant au pied d'un arbre, et plus loin
à gauche un homme sur un charrette attelée d'un cheval. Composition importante d'un maître qui se distingue par un faire à la fois
caractéristique, léger, soigné et en rapport avec le genre de Ruysdael. Fait à la pierre noire et lavé à l'encre de chine. Au dos la
signature du maître et le nom du bois où la vue est prise.

En largeur 0,420 sur 0,343.

21. **Barroche** (F.) Cupidon. Le Dieu malin est assis sur une élévation, son arc est tendu, il ajuste de haut en bas, Dessin très gracieux
arrêté à la pierre noire et légèrement colorié en détrempe sur papier gris
jaunâtre. De la collection Valardi, et d'une autre dont la marque est in-
connu.

En hauteur 0,423 sur 0,270.

21. *bis.* **Barroche** (F.) St. François, recevant les stigmates beau dessin fait à la sanguine, relevé de blanc de la collection Crozat n° 247 du catalogue.

En hauteur 0,550 sur 0.374.

22. **Barthélemy** (DE ST-MARC, dit *Fra Bartholomeo ou Baccio de la Porta.*) Ce dessin, d'une importance et d'une rareté grandes, représente le cimetière. Sujet tiré du Dante. A la plume lavé de bistre.

En largeur 0,481 sur 0,243.

23. **Baudouin** (Fr.) Paysage. A gauche on voit un chemin entre de grands arbres et des rochers ; à droite un grand arbre sur une presqu'île, et dans le lointain des fabriques et de hautes montagnes. Très artistement fait à la plume et légèrement lavé en couleur.

50

En largeur 0,240 sur 0,186.

24. **Baur** (W.) Vue de l'église et de la place St-Pierre à Rome On y voit circuler beaucoup de monde et des voitures en nombre considérable. Les dessins de ce maître, véritables miniatures microscopiques d'une finesse extrême, ne sont comparables à celle d'aucun autre artiste. A la plume et colorié sur parchemin

100

En largeur 0,185 sur 0,125.

25. **Beccafumi** (DOMINIQUE, dit *Mecarino*). Etude pour une figure d'Hercule, très vivement et savamment faite à la plume et lavé de bistre ; le personnage présente le dos au spectateur, il a la main gauche appuyée sur la hanche et tient la massue de la main droite.

50

En hauteur 0,267 sur 0,193.

26. **Beerestraaten** (A. VAN), Marine, clair de lune. On voit vers le milieu du dessin un grand navire auquel travaillent de nombreux ouvriers ; à gauche, contre une palissade, il y a une petite embarcation et dans le lointain plusieurs navires. Sur une pièn à droite se trouve la signature du maître. Fait à l'encre de chine.

60

En largeur 0,227 sur 0,164.

27. **Beham** (HANS). Charité romaine, à droite le père enchaîné, à gauche sa fille debout devant lui. Cette composition est connue par la gravure en petit que Beham, en a faite lui-même. Arrêté à la plume et lavé d'encre de chine. On voit en haut à droite le monogramme

150

Weigel 40 Lapardien 60

du maître et le millésime 1540; à gauche l'inscription suivante : que non penetrat aut quod non excogitat pietas.

En hauteur 0,399 sur 0,241.

28. **Berghem** (Nicolas), Paysage et animaux. Effet de lune. Un homme à cheval accompagné de deux hommes à pied et suivis d'une vache se dirigent de droite à gauche vers la rivière, où plusieurs personnes embarquent du bétail. Sur la rive opposée on voit quelques maisons et clochers dans les montagnes. Vivement et spirituellement lavé à la sepia sur un trait de pierre noire.

En largeur 0,186 sur 0,130.

29. **Berghem** (Nicolas). Etude de deux moutons couchés, ils sont dirigés vers la gauche, et légèrement faits à la pierre noire et à la sanguine.

En largeur 0,165 sur 0,126.

30 **Berghem** (Nic,) Etude. Trois? moutons couchés, poses différentes ; plus deux moutons dont le contour n'est que égèrement indiqué. A la pierre noire et rouge.

En largeur 0,257 sur 0,152.

31. **Berghem.** (Nicolas). Paysage. Une femme lave du linge au bord de l'eau ; à côté d'elle se trouve une autre femme occupée à filer; à leur droite on voit deux vaches dont l'une boit, et à leur gauche se trouvent deux moutons et une chèvre debout. Le lointain est montagneux. Énergiquement arrêté d'une pointe fine et lavé à l'encre de chine. A gauche la signature et l'année 1656. Dewinter dans son catalogue au n° 135 a décrit cette composition avec quelques différences.

En largeur 0,125 sur 0,185.

32. **Berghem** (N). Paysage. Un chemin se dirige du milieu du dessin vers la gauche laissant à droite une pièce d'eau et une élévation garnie d'une belle touffe d'arbres ; plus loin à gauche et à la hauteur d'un rocher on voit marcher un homme précédé d'un âne. La campagne s'étend à droite, et se termine par des rochers. Ce dessin d'un très bel aspect est artistement lavé à l'encre de chine; à droite la signature du maître.

En hauteur 0,205 sur 0,182.

33. **Berghem.** (Nicolas). Paysage et animaux. On voit à droite un berger assis et tenant sa flûte de la main gauche; près de lui son chien,

une vache et deux moutons; plus à gauche une vache et un mouton couchés. Au second plan on remarque une fontaine et une dixaine de figures. Cette composition. avec sept figures de moins est décrite dans le catalogue Dewinter, sous le n° 119 et elle est gravée en plus petite dimension avec cette même différence par Visscher. A la sanguine.

En largeur 0,295 sur 0,193.

34. **Bloemen**. (P. VAN). Paysage et animaux. On voit à gauche près d'une ruine un homme assis, une femme endormie, deux enfants et un chien; près d'eux se trouve un cheval au repos. très artistement lavé à l'encre de chine.

En largeur 0,297 sur 0,200.

35. **Boilly**. (L.) Cinq têtes de petites filles vues de profil de trois quarts et en face; expressions diverses, très savamment et gracieusement dessiné à la pierre noire. relevée de blanc sur papier bleu.

En hauteur 0,372 sur 0,297.

36. **Boisslen**. (J. J. DE). Paysage. Vue de charbonnière en Lyonnais. Faite au lavis d'encre de chine avec tout le talent qui distinguait le maître.

En largeur 0,321 sur 0,200.

37. **Boisslen**. (DE). Vue de l'ancienne porte de Vaise à Lyon, traitée comme la précédente.

En longueur 0,191 sur 0,120.

38. **Bol**. (FERDINAND). Un Intérieur. Le peintre lui-même, sa femme et ses quatre enfants faisant la lecture de la Bible. A droite par une fenêtre ouverte on aperçoit le clocher d'une église. Ce dessin, rempli de charme et de vérité, est fait à la plume et au bistre. Il fut vendu à Paris en 1776 avec la collection Neyman. amateur de beaux-arts, à Amsterdam, n° 104, du catalogue. Le dessin passa ensuite dans la collection J. Gildemeester. consul général de Portugal à Amsterdam, vendue en 1800. Catalogue, page 17 n° 42. On lit à gauche en haut : F. Bol. f. 1642. Le dessin est du meilleur faire du maître, à la plume et au bistre.

En largeur 0,266 sur 0,189.

39. **Bol** (JEAN). Sujet tiré de la bible. Vue intérieure d'une ville de l'ancien temps, à droite on voit représenté le départ de Rebecca. Ce dessin où l'on remarque des détails immenses, de maisons, de figures, et d'arbres, est fait à la plume avec cette précision et ces soins qu'avaient

( )

euget 100

bothe 110

Pièces 110

les dessinateurs primitifs. A droite le monogramme et l'année 1565. De la collection W. Esdaile et Th. Lawrence.

En largeur 0,325 sur 0,226.

40 **Both** (ANDRÉ). Intérieur. Une nombreuse société se trouve réunie dans une place où l'on voit à droite une personne malade au lit; du centre vers la gauche s'étend une grande table, les convives assis aux deux côtés boivent et causent entr'eux. Composition importante traitée très spirituellement à la plume et lavé d'encre de chine.

En largeur 0,360 sur 0,185.

41. **Both** (JEAN). Paysage. Au premier plan à gauche on voit deux grands arbres et vers la droite trois petites figures, dont deux vues dans le bas près d'un cours d'eau. De grands rochers couverts d'arbres, s'étendent depuis la droite jusqu'à l'extrémité du second plan à gauche et dans le lointain il y a des montagnes. Fait très légèrement à la plume et lavé d'encre de chine

En largeur 0,246 sur 0,174.

42. **Both** (JEAN). Paysage. On voit à gauche un grand rocher, les branches d'un arbre dépassent à la partie supérieure. Au premier plan le sol est rocailleux, il y a un tronc d'arbre renversé, quelques plantes et une mare d'eau. A droite et sur les deux tiers du second plan on voit des rochers couverts d'arbres et de broussailles. Ce site sauvage, probablement fait d'après nature, n'a qu'un lointain restreint. A gauche la signature du maître. Fait à la plume, à la sépia, et à l'encre de chine.

En hauteur 0.295 sur 0,235.

43. **Boucher** (FRANÇOIS). Allégorie. Deux groupes de génies attachant des guirlandes de fleurs à un autel près duquel on voit réunis les différents attributs des arts et des sciences. Un des génies trace sur la pierre ces mots « *nous renaissons.* » Au-dessus de l'encens qui brûle, on voit une jeune femme s'élever dans les airs. Il est probable que cette gracieuse composition ait été faite par Boucher pour rendre hommage à la protection que Mme de Pompadour, accordait aux arts et aux artistes.

Ce dessin des plus séduisants est aux crayons de plusieurs couleurs, sur papier gris clair. A gauche la signature et le millésime.

En hauteur 0.377 sur 0,260.

44. **Boucher** (FRANÇOIS). Jeune femme nue, mollement et gracieusement couchée sur le côté droit ; les bras et la tête qui est vue de profil,

sont tournés vers la gauche. Charmant dessin à la sanguine relevé de blanc sur papier d'un gris jaune.

En largeur 0,487 sur 0,296

45. **Bourdon** (Sébastien). L'adoration des Bergers. Composition savamment traitée, onze figures et deux anges qui planent au-dessus de l'enfant Jésus. Lavé au bistre sur un trait à la mine de plomb et rehaussé de blanc. Collection du Marquis de Lagoy.

En hauteur 0,283 sur 0,209

46. **Bourguignon** (Le). Choc de Cavalerie. On voit au premier plan plusieurs cavaliers ; l'un d'eux fait la culbute avec son cheval, un homme à pied s'élance sur lui, le sabre à la main. Près de là un cavalier sonne de la trompe. L'action principale se passe au second plan près d'une vieille tour. Très énergiquement fait à la plume et lavé d'encre de chine.

En largeur 0,219 sur 0,168.

47. **Bout** (Pierre). Etudes de figures. On voit à droite un homme couché et un groupe de mendiants, hommes, femmes et enfants; à gauche un homme à cheval et cinq moutons marchant de côté. Arrêté à la plume et légèrement colorié

En largeur 0,190 sur 0,97.

48. **Brauwer** (Adrien). Intérieur. Deux paysans assis sur des tonneaux tiennent le verre en main pour trinquer, un troisième individu se voit plus en arrière le dos tourné. Très vigoureusement arrêté à la plume, lavé de bistre et relevé de blanc.

En hauteur 0,315 sur 0,225

49. **Breemberg** (Barth.). Paysage. Vue de Rome, les ruines du château des Césars ; au centre et au premier plan on voit deux moines qui se parlent. Fait à la plume et au bistre.

En largeur 0,308 sur 0,190.

50. **Breughel** (J. dit de *Velours*). Paysage. A droite on voit sur la hauteur, un village et un moulin, au bord d'une rivière. A gauche plusieurs petits navires attendent leur chargement ; de nombreuses figures et quelques animaux ornent cette intéressante composition. Très fermément arrête à la plume et légèrement lavé à l'indigo. De la collection du comte Nils Barck.

En largeur 0,313 sur 0.200.

51. **Breughel** (J., dit le *Velours*). Paysage. Un des douze mois de l'année représenté par les moissonneurs, dont les uns travaillent à gau-

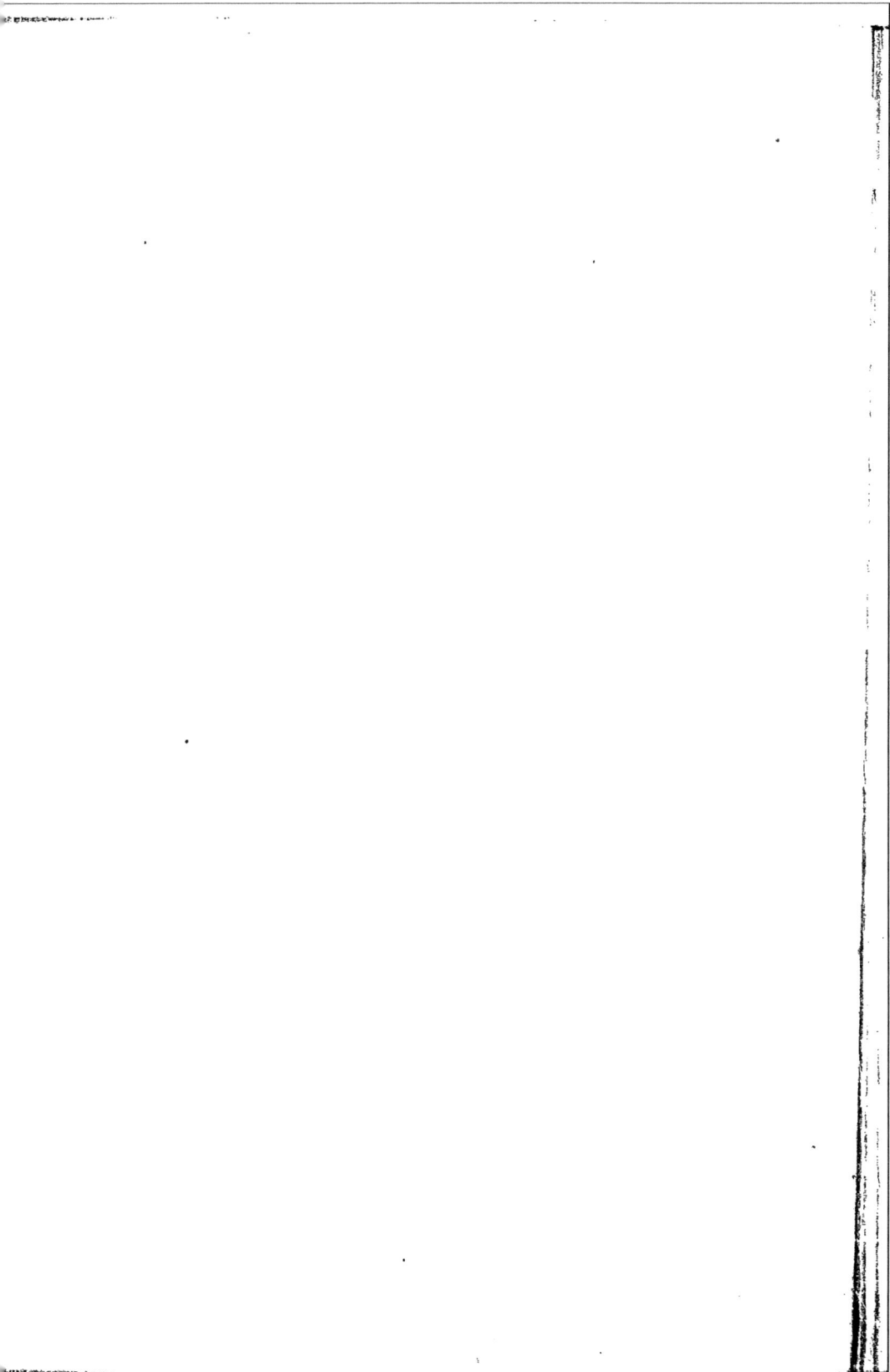

che, tandis que les autres se reposent à droite, à l'ombre d'un grand arbre. Très-joli lointain avec fabriques et montagnes. Spirituellement fait à la plume et lavé en couleurs.

En largeur 0,193 sur 0,147.

52. Brill (PAUL). Paysage. A gauche de grands rochers et quelques arbres, le terrain de ce côté s'incline vers la droite, où l'on voit une rivière et plusieurs embarcations. Sur la rive opposée, l'on remarque des ruines au sommet d'une montagne, de là le terrain s'incline de nouveau vers la gauche et offre un beau lointain. Arrêté à la plume de bistre et lavé à l'encre de Chine.

En largeur 0,280 sur 0,200.

53. Bronckhorst (J.). Paysage et oiseaux. Au premier plan et au bord de l'eau, on voit plusieurs canards et oiseaux aquatiques étrangers; sur la rive opposée à gauche il y a quelques arbres et à droite un joli lointain. Aquarelle de la plus grande finesse, d'une vérité surprenante et d'une conservation qui ne laisse rien à désirer.

En largeur 0,194 sur 0,147.

54. Buonacorsi (PIERRE). Perino del Vaga. Grand et superbe cartouche. Deux guerriers s'attaquent le fer à la main; derrière eux se voient à mi-corps un grand nombre de guerriers qui assistent à la lutte comme spectateurs. Aux extrémités de droite et gauche de la bordure il y a deux figures debout et appuyées sur la tête d'un sphynx. Deux génies se tiennent assis aux angles inférieurs. Ce précieux dessin, d'une conservation parfaite, est arrêté à la plume et légèrement lavé de bistre, il porte la marque de plusieurs collections.

En largeur 0,260 sur 0,100.

55. Buonaroti (MICHEL-ANGE). Dessin d'une plume large et puissante représentant l'une des études pour le tombeau des Médicis. L'œuvre de Michel-Ange dans la galerie des peintres célèbres, planche 79, fait voir les changements que le maître apporta à cette étude. Ce dessin est doublé et nous prive ainsi d'autres croquis qui sont au verso. Collection Lagoy.

En largeur 0,302 sur 0,281.

56. Buonaroti (MICHEL ANGE). Le Louvre possède deux statues de Michel-Ange connues sous le nom d'Esclaves ou Prisonniers. L'une de ces statues est presqu'entièrement achevée l'autre n'est que dégrossie et le bras droit manque. Notre dessin se rapporte comme première pensée à cette statue inachevée et les différences qu'il présente avec elle, indique que Michel-Ange abandonna sa première idée de représenter l'Esclave assis, à cause sans doute de l'insuffisance du bloc de marbre. Il est pareillement probable que la partie de marbre qui devait fournir le bras droit se soit détachée du bloc et qu'ainsi l'illustre Florentin fut obligé d'abandonner l'ouvrage entièrement. Notre dessin est une première pensée de cette statue qu'il représente de différentes manières, telle que le Maître, se proposait primitivement de l'exécuter. Ce rare et intéressant dessin est fait à la pierre d'Italie relevé de blanc sur papier gris. Au verso la marque du papier est mise en évidence.

En largeur 0,322 sur 0,211.

57. **Burckmayr** (JEAN). Histoire. A droite on voit Pilate assis, et un homme d'armes qui se tient debout à ses côtés. Un soldat amène le Christ, le menaçant d'un coup de poing. Très-habillement fait à la plume, dans le style des anciens maîtres graveurs sur bois. On remarque sur le fauteuil de Pilate le millésime 1520.

En hauteur 0,20 sur 0,141.

58. **Caldara** (POLIDORE DE CARRAVAGE). Sujet mythologique. Deux guerriers. Superbe dessin du plus beau style du maître. Fait à la plume, lavé de bistre et rehaussé de blanc sur papier bleu.
Des collections de Charles Ier et de J. Goll de Frankenstein.

En hauteur 0,354 sur 0,265.

59. **Calvart** (DENIS). La cène. Le Christ est assis au centre, il parle la main droite levée et la gauche posée sur le bras de la Madeleine, qui exprime la plus vive douleur ; à droite et à gauche se voient les apôtres. Au premier plan il y a une cruche et un panier rempli de pain. Composition caractéristique et importante du maître du Guide, elle est arrêtée à la plume, lavée de bistre et rehaussée de blanc.

En hauteur 0,320 sur 0,240.

60. **Cambiasi** (LUCAS, dit le *Cangiage*). Sainte Famille : St-Joseph, la Vierge, l'enfant Jésus et St-Jean. Tous quatre assis, les deux premiers le coude appuyé sur une pierre. Très-joli échantillon du talent de ce maître.

En largeur 0,335 sur 0,243.

61. **Canaletti** (ANTOINE). Vue principale de la ville de Vénise. Le côté du palais des Doges avec d'innombrables figures, et l'eau couverte de gondoles. Nous n'avons jamais vu de dessin plus capital de ce

Neigel 60

coupé tout autour du manuscrit

maître dont ses productions en ce genre sont des plus rares. Entièrement fait à la plume et à l'encre de chine. De la collection Vallardi.

En largeur 0,530 sur 0,416.

62. **Canta Gallina** (P.). Paysage. Entre deux grands arbres, l'on voit quatre personnes, deux assises, la troisième debout, et la quatrième lève un panier. Au second plan à droite et à gauche il y a des bâtiments. Curieux dessin fait à la plume. Canta Gallina fut le maître de Callot.

En largeur 0,405 sur 0,270.

63. **Caraccioli** (G. B.). Très jolie tête d'enfant, vue de face et regardant à droite. Faite à la plume d'une manière habile et expressive. Au bas le monogramme du maître.

En hauteur 0,226 sur 0,174.

64. **Carpaccio** (Victor). Sujet mythologique. Apollon sur son char apparaissant à l'horizon. Il se dirige de gauche à droite, les quatre coursiers sont vus de côté et par derrière, c'est le moment de l'aurore pour l'univers. Dessin superbe et dont le grand et beau style est entièrement à la hauteur du sujet. Arrêté à la plume et lavé de bistre.

En largeur 0,369 sur 0,209.

65. **Carrache** (Augustin). Un ours debout, un collier et une forte chaîne le tiennent attaché à un arbre. Très énergiquement fait à la plume.

En hauteur 0,269 sur 0,177.

65 *bis.* **Carrache** (Annibal). Feuille contenant diverses études de figures, faites d'une plume savante et énergique. Au verso une statue en pied dans une niche ornée. De la collection Vallardi.

En hauteur 0,345 sur 0,220.

66. **Carrache** (Annibal). Tête de jeune homme, vue de trois quarts, la face tournée vers la droite et le regard vers le spectateur. Expression belle et naïve, fait à la pierre noire et à la sanguine.

En hauteur 0,204 sur 0,169.

67 **Carrache** (Annibal). La Madeleine repentante ; dessin d'un grand et beau caractère, gravé en fac-similé, la pièce est jointe au dessin. Fait à la plume d'une manière très ferme et énergique.

En hauteur 0,293 sur 0,194.

14

68. Carrache. (ANNIBAL). Sujet religieux. Le prêtre placé sur les degrés de l'autel, administre la communion à St-Jérôme soutenu par un religieux. A la gauche du prêtre se trouve un assistant à genoux, le cierge à la main. Le Ciel ouvert laisse apercevoir la Vierge aux pieds de la Ste-Trinité et du côté gauche deux anges. Composition capitale et du plus beau caractère, terminée au bistre et relevée de blanc.

En hauteur 0,545 sur 0,375

69. Carrache. (ANNIBAL ECOLE). Un saint personnage tourné vers la gauche se trouve à genoux tenant l'enfant Jésus sur les bras. Très vivement exécuté à la plume.

En hauteur 0,280 sur 0,200.

70. Casa Nova. (FR.). Un troupeau d'animaux, bœufs, vaches et moutons, suivi de trois cavaliers dont l'un porteur d'une lance et d'un arc, tient un enfant devant lui. Ils se dirigent de la gauche vers la droite. Très-spirituellement touché à la sépia sur un trait de pierre noire.

En largeur 0,300 sur 0,235.

71. Castiglione. (BENEDETTO). Paysage et animaux. Un grand troupeau de moutons, un pâtre, une femme, des enfants et deux mulets, se dirigent de la droite vers la gauche. Très énergiquement fait au pinceau de bistre et de couleurs.

En largeur 0,342 sur 0,256.

72. Castiglione. (BENEDETTO). Le repos en Egypte. A droite la Vierge est assise tenant l'enfant Jésus sur ses genoux, St-Joseph est derrière elle, le coude gauche appuyé sur l'âne; plusieurs anges planent sur cette jolie composition qui est faite très énergiquement au bistre et le lointain en bleu. Nous avons acquis ce dessin à la vente Norblin, Nº 60 du catalogue.

En hauteur 0,371 sur 0,271.

73. Castiglione. (BENEDETTO). Composition mythologique. A droite on voit Priape assis au pied d'un arbre et d'un piédestal orné d'un grand vase; devant lui se trouvent Cupidon et plusieurs femmes et enfants dans différentes attitudes. Superbe dessin du plus beau style et du faire le plus savant du maître.

En largeur 0,563 sur 0,488.

74. Cesari. (JOSEPH, dit le *Josepin*). L'enlèvement de Ganimède. Au centre l'oiseau de Jupiter et son compagnon de voyage s'élèvent dans

les airs, un chien suivant les traces de son maître dans le paysage vient aboyer à la place où il l'a vu enlever. Dessin d'un grand style et très-bien colorié

En hauteur les deux coins supérieurs coupés 0,374 sur 0,266.

75. **Chardin.** (J. B.). Une jeune femme assise le côté gauche vers le le spectateur et la tête dans la même direction. Dessin d'une expression charmante aux trois crayons noir, rouge et blanc. Collection Reynolds.

En hauteur 0,357 sur 0,254.

76. **Clouet.** (FRANÇOIS). Portrait de Jean-Jacques de Mesmes, seigneur de Roissé, etc. Conseiller du roi, et membre du Parlement de Paris en 1557. M. de Mesmes naquit en Béarn et mourut à Paris en 1569. Les dessins de ce maître sont rarissimes et l'authenticité de celui-ci est incontestable. Fait aux deux crayons noir et rouge, sur papier gris

En hauteur 0,273 sur 0,190.

77. **Coninxlo.** (G. VAN). Paysage. A gauche à l'entrée d'une forêt on voit un groupe de trois personnes plus un chien ; à droite une pièce d'eau donne vue sur un château qui se trouve au troisième plan, au pied d'une grande montagne. Très artistement fait à la plume, au bistre et à l'indigo.

En hauteur 0,347 sur 0,262.

78. **Crayer.** (GASPARD DE). Sujet religieux. L'Apothéose de Ste-Catherine, œuvre capitale du maître, dont le tableau se trouve au Musée de Bruxelles, cette composition est importante et d'un grand style, on chercherait en vain un plus beau dessin du maître. Fait à la pierre noire, relevé de blanc sur papier bleu.

En hauteur et cintré 0,577 sur 0,489.

79. **Cuyp.** (ALBERT). Paysage et animaux. Au premier plan à droite on voit deux grands arbres, cinq vaches et leur gardien. Une chaîne de montagnes partant de la droite va se perdre dans le lointain à gauche, le long d'une plage. Largement traité à la pierre noire soutenue d'un lavis de bistre.

En largeur 0,217 sur 0,184.

80. **Cuyp.** (ALBERT). Paysage et animaux. Le passage du bac. Très-joli dessin arrêté à la pierre noire et légèrement lavé en couleur.

En largeur 0,222 sur 0,145

16

81. **Denner** (BALTHAZAR). Tête de vieillard, vue de trois quarts et regardant à droite ; elle porte l'expression d'une bienveillance attentive.

Les dessins de ce maître sont d'une grande rareté. Très-légèrement et soigneusement fait à la pierre noire relevée de blanc sur papier gris jaunâtre. A droite le monogramme B. D. f. 1730.

En hauteur 0,328 sur 0,256.

82. **Diepenbeeck** (ABRAHAM). Sujet religieux. A gauche la Vierge tenant l'enfant Jésus dont la main droite pose sur le globe. Ils sont entourés d'une gloire d'anges et à leurs pieds se trouve un Evêque à genoux. La scène se passe dans l'intérieur d'un temple. Très-finement et spirituellement fait à la plume et lavé d'encre de chine.

En hauteur 0,190 sur 0,181.

83. **Dietricy** (C. G. E.). Paysage. A droite à l'entrée d'une ferme se trouve une charrette dételée, plus à gauche un homme tient un cheval par la bride et là se trouve encore une charrette. Au centre du dessin, l'on voit une petite femme près d'une fontaine et sur le derrière quelques grands arbres, un lointain etc. A la plume, lavé d'encre de chine. Charmante composition. A gauche le monogramme du maître.

En largeur 0,374 sur 0,268.

84. **Does** (S. VAN DER). Animaux. Au premier plan et près d'une bergerie l'on voit trois moutons et un bélier couchés sur l'herbe, un quatrième mouton se trouve dans la bergerie ; à gauche le paysage et au bas du même côté la signature du maître S. V. D DOES. F. Très légèrement et spirituellement lavé à l'encre de chine sur un trait à la plume.

En hauteur 0,360 sur 0,246.

85. **Does** (S. VAN DER). Un troupeau de moutons s'avance entre les montagnes, un berger hâte la marche, en obligeant les trois premiers moutons à traverser un cours d'eau. Fait à la sanguine, à gauche la signature S. V. D. DOES.

Formé carrée 0,265.

86. **Dolce** (CARLO). Tête de Chérubin tournée vers la gauche ; elle a l'expression d'une douceur et d'une beauté vraiment idéale et ravissantes. Faite aux crayons noir, rouge et blanc sur papier bleu. Le Musée de Lille possède un dessin de ce genre du même maître.

En longueur 0,280 sur 0,230.

17

87. **Doomer**. Vue des environs de la ville de Tours en 1646. On voit une église au second plan vers la gauche. Lavé à la sépia et à l'encre de chine, sur un trait de pierre noire. A gauche la signature.

En largeur 0,314 sur 0,170.

88. **Donatello**. Etude d'une figure en pied, couverte de draperies, les bras croisés et la tête baissée, elle se dirige de droite à gauche avec un sentiment de deuil ou de grande tristesse. Dessin superbe d'un grand caractère, d'une belle et savante facture. Il provient de la collection de M. A. N. Pérignon peintre, et ancien expert des musées du Louvre. Fait à la plume et à l'encre de chine

En hauteur 0.333 sur 0,225.

89 **Drielst** (E. Van). Paysage. On voit à gauche deux pêcheurs à la ligne près d'un petit cours d'eau ; la rive opposé présente la lisière d'un bois. Ce joli dessin est traité à l'encre de Chine avec toute l'harmonie et la finesse qui règnent dans les productions de ce maître estimé.

En hauteur 0,346 sur 0,194.

90. **Drost** (J.). Portrait d'un homme de distinction, coiffé d'un chapeau à plumes, il est vu de face, tournant la tête à droite ; il fait un geste de la main gauche et tient la main droite appuyée sur la hanche. Drost, était élève de Rembrandt, et son dessin se fait remarquer par un faire énergique. Ce portrait est connu et gravé avec quelques changements par J. de Frey. Le dessin provient de la collection de M. Vanhinloopen, ancien bourgmestre d'Amsterdam.

En hauteur 0.395 sur 0,300.

91. **Dughet** (Gaspard, dit *Poussin*). Paysage. On voit dans des montagnes, un cours d'eau se dirigeant de gauche à droite, où il passe sous un pont de pierres ; trois petites figures se trouvent sur le pont. Au centre il y a une belle touffe d'arbres. Largement traité à la plume et lavé à l'encre de chine.

En largeur 0,337 sur 0,238.

92. **Duquesnoy**, (dit *François Flamand*). Etudes pour un dessin des quatre éléments. Quatre groupes d'enfants sur une feuille. Les deux de la partie supérieure représentent l'eau, les deux de la partie inférieure représentent la terre. Fait à la plume et lavé de bistre pour être exécuté en ivoire. A droite, en bas, la signature du maître. Coll. J. Pausch.

En largeur 0,257 sur 0,158.

93. **Durer** (Albert). Curieux dessin représentant une chauve-sou-

3

ris. faite en couleurs avec infiniment d'art et de finesse. En haut. à gauche. la signature du maître et le millésime 1522.

En largeur 0,204 sur 0,132.

94. **Dyck** (ANT. VAN). Le Christ détaché de la croix, composition capitale de neuf figures. entièrement différente de toutes celles connues et gravées. Largement traitée à la pierre d'Italie sur papier gris jaune.

En hauteur 0,254 sur 0,228.

95. **Dyck** (ANT. VAN). La charité représentée par une femme et quatre enfants. Première pensée pour le tableau gravé par Kaukorken, où l'on ne voit que trois enfants et quelques autres différences. Composition très gracieuse, arrêtée à la pierre d'Italie et soutenue d'un lavis à l'encre de chine.

En hauteur 0,266 sur 0,218

96. **Dyck** (ANT. VAN) Portrait d'homme à mi-corps avec les deux mains, il a la tête découverte et il regarde le spectateur. Superbe dessin fait énergiquement à la pierre noire sur papier gris jaune.

En hauteur 0,313 sur 0,208.

97. **Dyck** (ANT. VAN). Portrait du peintre Juste Suttermans, l'une des pièces que Van Dyck a gravées lui-même à l'eau-forte. Fait avec tout l'art possible à la pierre noire sur papier bleu et relevé de blanc. De la collection Reynolds.

En hauteur 0,219 sur 0,203.

98. **Dyck** (ANT. VAN). Portrait de Marie Rutten, femme de Van Dyck, vue un peu plus que de trois quarts, les yeux tournés vers le spectateur. La figure est remarquablement belle, douce et expressive; les cheveux relevés du haut, retombent gracieusement des deux côtés de la tête. La robe a le plus grand éclat par l'agencement des plis. Les mains sont remarquablement belles, la droite est légèrement levée et la gauche inclinée. Il suffit de jeter les yeux sur cet admirable dessin, pour se convaincre, que Van Dyck a voulu le faire et le terminer avec tous les soins imaginables. Le portrait de la femme de Van Dyck gravé par Bolswert, est fait différemment. A la pierre d'Italie relevé de blanc sur papier bleu.

En hauteur 0,358 sur 0,258.

99. **Dyck** (ANT. VAN). Le Christ expirant. La Vierge à genoux

Weigel 100
Vries 310

V zas
210
Sixin 310

embrasse la croix, derrière elle sont les deux Madeleines, à droite
St-Joseph et Jérusalem dans le fond. Composition d'un grand caractère, les sentiments y sont parfaitement exprimés. A la plume et
lavé d'encre de chine.

En hauteur 0,284 sur 0,165

100. **Dyck** (ANT. VAN). La Vierge et l'enfant Jésus accompagnés
de deux anges, dont l'un joue de la mandoline et l'autre du violon.
Van Dyck a fait ce dessin avec un soin extrême; trait de plume
fine, pierre d'Italie, léger lavis rien n'y manque, aussi trouve-t-on
dans cette composition les formes distinguées et gracieuses qui ca-
ractérisent les productions des maîtres italiens. La gravure de Th.
Van Kessel, est jointe à la pièce.

En hauteur 0,270 sur 0,232.

101. **Dyck** (ANT. VAN). La mort d'Adonis. Le corps inanimé se
voit en racourci, la tête vers le spectateur. A gauche près d'une
colonne se trouvent deux amours dans l'attitude de la désolation,
l'un tient une lance, l'autre un flambeau renversé, et près de là
deux chiens semblent faire entendre des hurlements. A la droite arrive
Vénus portée sur des nuages et accompagnée de Cupidon qui tient son
carquois renversé ; ces deux personnages par l'expression et le geste,
témoignent la plus profonde douleur. Ce dessin est l'un des plus
savants et des plus habiles que nous ayons jamais vus de Van Dyck.
Fait au pinceau à l'encre de chine sur papier gris.

En largeur 0,472 sur 0,285.

102. **Eeckout** (G. VAN DEN). Etude pour une figure de jeune homme,
l'avant-bras droit et le coude gauche sont posés sur le dos d'un siége
et la tête est appuyée sur la main. Ce dessin faisait partie autrefois de
la collection de M. Bernard de Bosch, membre de l'Institut des Pays-Bas.
Vendue le 10 Mars 1817. Lavé très-énergiquement au bistro.

En hauteur 0,205 sur 0,146.

103. **Elsen** (CHARLES). Sujet gracieux. A droite une jeune femme
couchée sous de grands arbres, donne le sein à un jeune enfant ; devant
elle deux bambins se disputent une pomme. Arrêté à la plume et légèrement colorié

En largeur 0,203 sur 0,141

104. **Everdingen** (ALLARD VAN). Paysage de la Norwége avec fo-
rêts et rochers. On y voit un groupe de figures, composé de sept che-

vaux, un poulain et deux conducteurs. Cette composition beaucoup plus grande qu'on ne les voit ordinairement est traitée avec beaucoup d'esprit, le premier plan est lavé à l'encre de chine et au bistre, le second et le lointain sont légèrement teintés à l'indigo.

En largeur 0,336 sur 0,260.

105. **Fage** (RAIMOND DE LA). Le passage de la mer rouge. Composition capitale, d'un grand effet et du plus beau style. Cet admirable dessin a appartenu à Audran qui l'a gravé de même grandeur que l'original. Voir la pièce jointe, très-énergiquement fait à la plume et lavé d'encre de chine.

En largeur 0,625 sur 0,433.

106. **Ferg** (FRANÇOIS). La rentrée de la moisson. Composition de treize figures ; deux enfants jouent au premier plan. Le chariot à deux chevaux est près d'être chargé, et de se mettre en route. Largement arrêté à la plume, lavé d'encre de chine et relevé de blanc sur papier bleu.

En largeur 0,443 sur 0.250.

107. **Fleurs** Pivoines, Camélias et Roses de chine. Trois superbes bouquets, aquarelles sur papier riz. Ces dessins faits par un artiste chinois rivalisent avec tout ce qu'on connaît de plus remarquable sous les différents rapports, de la perfection du dessin, de la finesse et de l'éclat des couleurs.

En hauteur tous trois environ de 0,400 sur 0,310.

108. **Fragonard** (JEAN HONORÉ). Au centre du dessin une jeune fille remplit sa cruche à une fontaine, une autre jeune fille assise à gauche semble parler à la première. A droite on voit une femme avec un enfant et un pèlerin appuyé sur sa canne, etc. Ce charmant dessin à la sœpia est lavé avec cette légèreté et cette grâce qui distinguent les œuvres du maître. Fait à Rome en 1774.

En hauteur 0,373 sur 0,294.

109. **Frata** (DOMINIQUE). Composition monumentale. A gauche le tombeau d'un amiral, nombreuses figures, etc. Joli dessin fait à la plume avec une précision et une ferme téremarquable. Au bistre cintré du haut.

En hauteur 0,600 sur 0,486.

110. **Gaudenslo** DE FERRARE. Sujet religieux. Un Pape en habits pontificaux se trouve assis tourné vers la droite, il lit, la main gauche posée sur le livre qu'un ange soutient. Un autre ange tient

la croix et un troisième se trouve derrière le St-Père. On voit à gauche la tiare et à droite le monogramme du maître. Superbe dessin fait avec beaucoup de soins à la plume de bistre, relevé de blanc sur papier gris.

En hauteur, cintré du haut, 0,293 sur 0,274.

111. Gelée (CLAUDE, dit *le Lorrain*). Vue de Rome. L'église de Notre-Dame de Lorette et bâtiments adjacents. A la plume lavé de bistre et d'un peu d'indigo dans les lointains; à droite la signature, Claudio 1664. Ces productions deviennent de plus en plus rares; celle-ci est importante, d'un beau faire et d'une belle conservation.

En largeur 0,310 sur 0,218.

112. Gelée (CLAUDE, dit *le Lorrain*). Paysage, première composition pour son tableau de Jacob et Laban. Un pont qui se voit dans le lointain, a fait donner à cette belle œuvre le nom de (Long-Pont).

Gravé avec quelques changements par Woolett, en 1783, d'après le tableau de Claude Lorrain, de la collection d'Egremont. Fait à la plume de bistre et lavé.

En largeur 0,255 sur 0,177.

113. Gelée (CLAUDE, dit *le Lorrain*). Marine. Vers le milieu du dessin au pied d'une montagne se voient deux phares qui indiquent l'entrée d'un port, l'on distingue les mâts de plusieurs navires qui s'y trouvent : A droite on voit de grands rochers, trois figures et un chien à l'entrée d'une caverne, et plus à gauche vers le premier plan plusieurs barques. Fait à la plume au bistre, lavé à l'encre de chine, et d'une teinte légère de sanguine sur les rochers. Cette teinte au premier plan du dessin, n'est pas de Claude, mais bien du Guaspre à qui le dessin a appartenu ; le Guaspre lui-même l'avait constaté, par une note écrite sur le dessin, nous vîmes cette note, et après cela quand nous avons pu acquérir le dessin, la note du Guaspre ne s'y trouvait plus.

En largeur 0,390 sur 0,266.

114. Gelée (CLAUDE, dit *le Lorrain*). Différentes études de navires grands et petits au recto et au verso de la feuille. A la plume et au bistre.

En largeur 0,312 sur 0 210.

115. Gelée (CLAUDE, dit *le Lorrain*). Au bord d'une rivière, à la gauche du dessin l'on voit au premier plan plusieurs personnes qui secourent des noyés. Plus loin au centre on voit une colonnade en ruines et à droite un chemin qui conduit à un château qu'on ne voit qu'en partie. Ce dessin porte la signature du maître, il est à la plume, lavé de bistre, et rehaussé de blanc sur papier gris jaune, en tout conforme à deux dessins du même faire, exposés au Musée Impérial du Louvre.

En hauteur 0 324 sur 0,241.

116. Gelée (CLAUDE, dit *le Lorrain*). Vue de Rome. A gauche les restes du cirque d'Adrien, vers lequel monte un homme conduisant un âne, plus bas vers la droite se trouvent cinq personnages, et deux à l'extrême gauche. Nous joignons à la présente le fac-simile d'un autre dessin de Claude représentant la même vue prise du côté opposé. A gauche la signature et le millésime.

En largeur 0,315 sur 0,260.

117. Lorrain (CLAUDE). Attribué. Site sauvage. On voit à droite une cabane dans les bois et des arbres abatus. A gauche des ruines, et le lointain représente une chaîne de montagnes. Dessin plein d'effet et largement traité à la térébenthine, couleurs brune et blanche.

En largeur 0,325 sur 0,200.

118. Genoels (ABRAHAM). Paysage magnifiquement traité dans le style italien, on y voit cinq satyres, ils épient les allures d'un jeune couple qui se trouve assis au premier plan au pied d'un arbre. A la plume sur papier bleu.

En largeur 0,490 sur 0,300.

119. Géricault (JEAN). Etude. Un guerrier aux formes athlétiques retient d'un bras vigoureux un coursier qui veut prendre son élan. Lavé très énergiquement en blanc sur papier brun.   *100*

En largeur 0,146 sur 0.98.

120. Géricault (JEAN). Etude pour deux figures du radeau de la Méduse; l'homme qu'on monte sur le tonneau et qui signale dans le lointain le Brick l'Argus. A la plume rehaussé de blanc sur papier bleu.   *100*

En hauteur 0,230 sur 0,168

121. Gillon (LOUIS LE). Dans une étable voutée l'on voit deux jeunes filles, l'une est occupée à traire une chèvre que l'autre retient par les cornes. Près de là se trouve couchée une seconde chèvre. Ce joli   *200* groupe est admirablement éclairé par un rayon de lumière. Plus loin dans le fond de l'étable on voit encore trois chèvres couchées près de leur mangeoire. Les tableaux et les dessins de Le Gillon sont rares et estimés; il fut l'élève de Boissieu, on peut s'en apercevoir facilement par les soins et le fini de son travail. Fait à la pierre noire relevé de blanc sur papier gris jaunâtre.

En hauteur 0,270 sur 0,217.

122. Gillon. (Louis le.) Paysage et animaux. A droite non loin d'une montagne se trouve un homme assis et près de lui on voit son chien et son âne au repos; à gauche il y a un cours d'eau. Très spirituellement fait à la pierre noire relevé de blanc sur papier d'un gris fauve. A droite la signature du maître.

En largeur 0,220 sur 0,164.

123. Goll de Frankenstein (J.). Paysage. On voit à gauche, un château sur une élévation, plus bas un chemin qui conduit au village, et à droite les mâts de quelques navires qui se trouvent dans le bas. Ce dessin est très artistement fait à la plume et lavé d'encre de chine, le faire tient à la fois de J. Both et de J. Ruysdael, et il prouve que son auteur était à la fois un très-estimable artiste comme il fut un savant appréciateur, en composant son magnifique cabinet de dessins et d'autres objets d'art.

En largeur 0,300 sur 0,183.

124. Goltzius (Henri). Sujet d'imagination. Un Hercule dans l'attitude de dégainer, il a le dos tourné vers le spectateur, un loup est à ses pieds. Dessin d'une très grande finesse à la sanguine. De la collection de J. Goll de Krankenstein. Forme ovale.

En hauteur 0,356 sur 0,270.

125. Goyen (J. Van). Marine. Vue de Scheveningue. A droite dans la direction du clocher, il y a un groupe de sept personnes, la plage est couverte d'hommes, de chevaux et d'embarcations. Très spirituellement fait à la pierre noire.

En largeur 0,258 sur 0,156.

126. Greuze (J.-B.) Tête de caractère. Vue de profil, tournée vers la droite et appuyée sur la main gauche, elle exprime la méditation. Ce dessin est du faire le plus large, le plus beau et le plus savant du maître. A la sanguine; il a été gravé et il provient de la collection de M. A. N. Pérignon, peintre et ancien expert des Musées du Louvre.

En hauteur 0,416 sur 0,362.

127. **Orient** (C. DE). Marine. A droite on voit deux petits navires ; à gauche une frégate sous voiles, et dans le lointain plusieurs navires. Joli dessin très soigneusement fait à la plume et lavé d'encre de chine. A droite la signature.

En largeur 0,316 sur 0,217.

75

128. **Guardi** (GIACOMO). Vue de Vénise, la place de St-Marc couverte d'une grande quantité de figures. Le maître a écrit au dos : « veduta « della piassa di S. Marco recapito all' ospedaletto in casse del peirechir « al N° 5245. » Giacomo de Guardi. Charmant dessin en couleurs et d'un très-bel effet.

En largeur 0,245 sur 0,155.

100

126. **Guardi** (idem). Architecture. Un grand escalier entre deux colonnes réunies par un cintre. Au bas un homme offre la main à une dame pour monter l'escalier, plus haut se trouve une femme et un enfant. Arrêté à la plume de bistre et lavé avec beaucoup d'éclat à l'encre de chine.

En hauteur 0,458 sur 0,312.

150

130. **Hagen** (JEAN VAN DER). Paysage d'une grande étendue. Au milieu du premier plan il y a une colline couverte de broussailles, et à gauche cinq arbres de haute futaie dans un taillis. Au deuxième plan on voit à droite un moulin, une église et plus vers la gauche dans le lointain une ville avec de nombreux clochers. Belle et intéressante composition faite avec tout l'art possible à l'encre de chine. A droite se trouve le monogramme du maître avec l'année 1660.

En largeur 0,341 sur 0,245.

100

131. **Hals** (FRANÇOIS). Portraits d'homme et femme, très artistement faits au lavis d'encre de chine sur papier bleu, dans le style des tableaux de Terburg.

En hauteur 0,430 sur 0,300.

100

132. **Helmbreker** (THÉODORE). Bacchanale. Sous des grands arbres et au pied d'un buste de Priape, Silène se trouve assis, couronné de pampre et soutenu par deux satyres ; il a à sa droite, une jeune femme, un tigre et des enfants, et à sa gauche plusieurs autres satyres dont l'un joue de la flûte. Exécuté à la sanguine avec beaucoup d'art, de vérité et de finesse.

En largeur 0,413 sur 0,260.

100

133. **Hendriks** (WYBRAND). Un hiver. A droite deux chasseurs

100

suivis de leurs chiens patinent le fusil sur l'épaule ; vers le milieu on voit un grand arbre et près de là un chien en arrêt. A gauche sous de grands arbres il y a une maison devant laquelle se trouvent deux charrettes, deux hommes et un enfant. A l'encre de chine et sépia très artistement exécuté.

En largeur 0,484 sur 0,301.

134. Hendriks (WYBRAND). Paysage. Un été Pendant du précédent. A gauche on voit une partie d'une grange, à droite une maison entourée d'arbres. Au premier plan au milieu du dessin un homme accompagné d'un chien, tient un cheval par la bride et cause avec une femme qui porte un enfant, derrière cette femme se trouvent deux autres enfants. A droite un troupeau de moutons et le berger assis sous un arbre. Traité comme le précédent et mêmes dimensions.

135. Henstenburg (H.). Guirlande de fleurs disposés en forme de cœur. Composition gracieuse et séduisante autant par l'éclat, la richesse et la variété des couleurs, que par la plus exquise finesse d'exécution. Cette production est un veritable chef d'œuvre où l'art et le travail sont poussés jusqu'aux dernières limites du possible. Sur parchemin, et à droite la signature du maître.

En hauteur 0,351 sur 0,298.

136. Heusch (C. DE). Paysage. A droite un cours d'eau où l'on voit un garçon pêchant à la ligne; plus loin un pont et deux figures. Un chemin partant du milieu serpente entre deux touffes d'arbres, on y remarque un homme appuyé sur son bâton, et plus loin deux personnes assises. Dans le lointain, il y a des maisons. Très habilement lavé à l'encre de chine sur un trait de pierre noire.

En longueur 0,313 sur 0,192.

137. Himpel (ANTOINE, TER). Paysage et animaux. Sur la droite il y a un cabaret devant lequel se trouvent plusieurs personnes ainsi qu'une charrette à deux chevaux. A gauche on voit également plusieurs personnes et une charrette à un cheval. Fait à la plume au bistre et à l'encre de chine.

En largeur 0,310 sur 0,218.

138. Hobbema (MEINDERT). A gauche des moissonneurs à l'ouvrage, non loin d'une ferme dont le toit est caché en partie par le bois du second plan. Un homme se voit au milieu du dessin au premier plan et dernière lui vers la droite, il y a deux grands arbres. Précieux dessin, à la pierre noire, lavé d'encre de chine et relevé de blanc sur papier bleu. A droite le monogramme du maître et l'année 1660.

En largeur 0,477 sur 0,328

139. **Hoet** (Gérard). Bacchanale. Plusieurs satyres et nymphes dansent et font de la musique au pied de la statue de Priape sous de grands arbres. Très jolie composition, du meilleur faire du maître. Des collections du comte de Caylus et J. Dupan. Arrêté à la pierre noire et lavé de bistre sur papier jaunâtre.

En hauteur 0,363 sur 0,257.

140. **Hondekoter**. (M.). Un canard dans l'eau, autour de lui il y a sept canardeaux, et sur la rive opposée on voit un piédestal près d'un arbre. Très artistement fait à l'aquarelle

En hauteur 0,383 sur 0.336.

141. **Hoogstraeten** (S. Van). Un intérieur. Au fond d'un appartement éclairé à gauche par une fenêtre, se trouve un personnage assis à une table ; il a devant lui un grand livre ouvert et un mappemonde, il tourne la tête à droite et semble écouter. Très savamment fait à la plume et lavé d'encre de chine.

En hauteur 0,191 sur 0,145.

142. **Houbraeken** (Arnold). L'Annonciation aux Bergers. A gauche se trouvent les troupeaux ; on voit arriver le messager céleste porté sur les nuages, une gloire d'anges plane sur sa tête, il se dirige vers une cabane où l'on voit deux bergers et une bergère endormie. Plus à droite, il y a encore deux bergers, l'un est endormi, l'autre recule de saisissement. Très belle et grande composition, du meilleur faire du maître, elle est au bistre et à l'encre de chine, elle a été gravée.

En largeur 0,406 sur 0,320.

143. **Hulswit** (J.). Paysage et animaux. A droite de grands arbres. Un chemin venant de la gauche où il y a une mare d'eau, serpente vers une ferme et se dirige ensuite à droite, on y voit un pâtre et quelques vaches. Cette composition est traitée avec un incontestable talent sous tous les rapports. Fait au bistre sur un trait de mine de plomb.

En largeur 0,478 sur 0,368.

144. **Huysum** (J Van). Fleurs. Un vase posé sur une table, contient différentes fleurs, telles que roses marguerites et rononcules. Un œillet

se trouve en dehors du bouquet sur le marbre. Très artistement fait par un trait de pierre noire soutenue d'un lavis d'encre de chine.

En hauteur 0,404 sur 0,312.

145. **Huysum** (J. VAN). Fruits. Sur une table de marbre, on voit un melon, deux pêches, une prune et deux grappes de raisins. Traité largement et vivement au lavis de bistre sur un trait de pierre noire.

En hauteur 0,354 sur 0,392.

146. **Jardin** (KAREL DU). Vue des côtes de l'Adriatique. A gauche l'on voit un bâtiment près du quel on distingue plusieurs personnes qui se livrent à différents travaux. A droite il y a de grands rochers au bord de la mer et un phare dans le lointain. Cette intéressante composition est traitée à la plume dans la manière des eaux-fortes du maître et lavée à l'encre de chine.

En largeur 0,219 sur 0,150.

147. **Jardin** (KAREL DU). Les deux ânes. Pièce que le maître a gravée lui-même à l'eau-forte. C'est le N° 2 de son œuvre avec des changements. Très beau dessin à la sanguine.

En hauteur 0,151 sur 0,126.

148. **Jardin** (KAREL DU). Les deux bœufs dont l'un se frotte contre un pieu. Production connue par l'eau-forte du maître, avec de légères différences. Ce dessin, d'un très beau faire, d'une grande vérité et de beaucoup d'énergie, est fait à la sanguine.

En largeur 0,247 sur 0,166.

149. **Jordaens** (JACQUES). Dessin allégorique des dons et des occupations de l'automne, onze nymphes et satyres, cueillent et rassemblent des fruits. Composition analogue à celle du tableau de Jordaens qui se trouve au musée de Bruxelles. Parmi les nombreux dessins du maître, c'est le plus beau et le meilleur que nous ayons jamais vu, il est entièrement lavé en couleurs sur crayon noir et rouge et provient de la vente Norblin. Paris 5 Jévrier 1855, N° 110 du catalogue.

En largeur 0,305 sur 0,222.

150. **Kabel** (AD. VAN DER). Scène de dévastation. L'on voit au troisième plan, une ville en feu, au second plan à droite, on emmène des troupeaux, et des habitants garrottés. Au premier plan on charge le butin sur des chameaux, et des soldats visitent une malle. Très énergiquement fait à la plume de sœpia et relevé de blanc.

En largeur 0,387 sur 0,213.

28

151. Kapelle (J. Van de). Marine. On voit à droite un groupe de trois navires, à gauche une barque et deux pêcheurs au filet. Au second plan, il y a trois navires, et un trois mâts dans le lointain. Il règne dans ce petit dessin une vérité et une simplicité charmantes. A l'encre de chine.

En largeur 0,181 sur 0,125.

100

152. Keller (H.). Une Bacchanale A droite au premier plan une bacchante se trouve assise avec deux enfants, à gauche l'on voit arriver Sylène conduit par un satyre et une autre bacchante qui danse ; plusieurs figures dans le lointain. Arrêté à la plume et largement colorié ; au milieu au bas la signature du maître

En largeur 0,360 sur 0,235.

100

153. Kessel (J. Van). Paysage et animaux. A gauche on voit un berger précédé de trois moutons et d'une chèvre, ils s'éloignent marchant dans un cours d'eau. Toute la partie de droite est une haute montagne couverte d'arbres et de broussailles. Ce dessin fait avec beaucoup d'art et de science peut-être comparé à tout ce que les grands maîtres ont produit de mieux dans ce genre Aussi le nom de J. Van Kessel qui se trouve à gauche avait-il été en partie effacé, comme trop modeste sans doute au gré d'un possesseur cupide. A la pierre noire.

En largeur 0,345 sur 0,228.

200

154. Kobell (Henri). Marine. Plusieurs navires de guerre et marchands sous voiles. Dessin très-important et du plus beau faire du maître. Arrêté d'une plume fine et richement colorié. A gauche sur une pieu la signature et le millisime, à droite une bouée et près de là une mouette.

En largeur 0,490 sur 0,361.

100

155. Kobell (J. de Rotterdam). Paysage et animaux. A gauche au pied d'un arbre est assise une bergère, un pâtre près d'elle joue de la flûte, ils sont entourés d'une chèvre, de deux moutons et d'un chien. Plus à droite on voit deux bœufs dont l'un se trouve dans l'eau, la vue s'étend de ce côté sur une immense campagne. Ce paysage est d'un très bel effet et du meilleur faire du maître. Arrêté à la plume, lavé de bistre et d'encre de chine. A gauche en bas la signature J. Kobell.

En largeur 0,454 sur 0,367.

400

156. Kobell (J., dit d'*Utrecht*). Paysage. Une vache vue de profil, la tête vers la gauche près d'un arbre et d'une barrière. A la pierre noire et lavée de bistre. Les productions de ce maître ne sont comparables

300

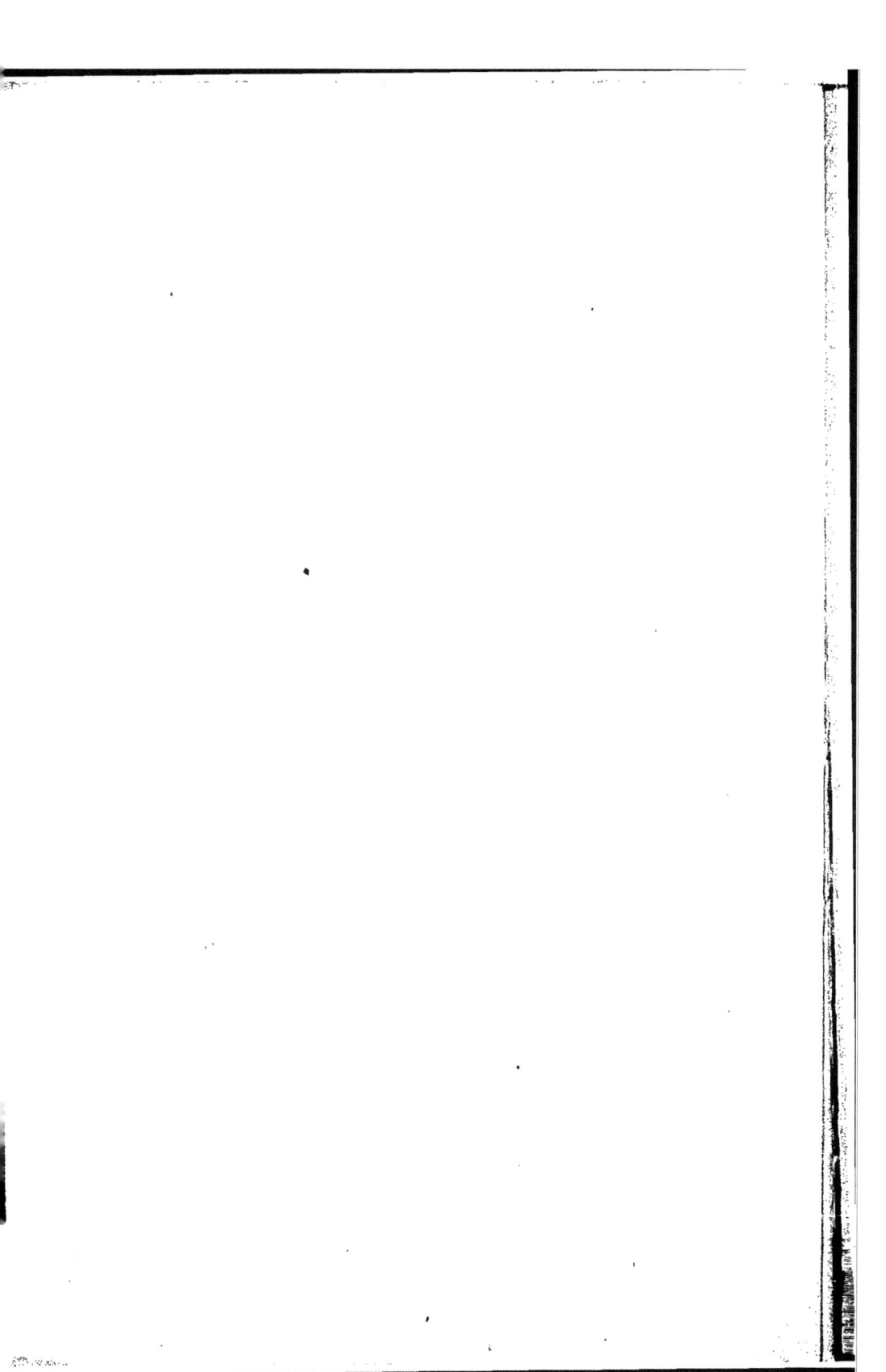

qu'à celles de P. Potter, c'est assez faire connaître leur valeur artistique et commerciale.

En largeur 0,214 sur 0,168.

157. Labelle. Caprices de guerre. A droite on voit un canon traîné par plusieurs chevaux, et escorté par deux mousquetaires ; à gauche, il y a deux cavaliers, ils se dirigent tous de la droite vers la gauche Très spirituellement arrêté à la plume et lavé à l'encre de chine.

En largeur 0,175 sur 0,128.

158. Lancret (NICOLAS). Une famille. La mère assise près d'une colonne dans un paysage, tient sur ses genoux son plus jeune enfant, un autre se trouve en face près de la table. Le père se tient derrière sa femme, le coude appuyé sur le dos de la chaise. Deux autres enfants sont assis à droite. Très joli composition gracieusement et spirituellement exécutée à la sanguine.

En hauteur 0,320 sur 0,254.

159. Langendyck (THIERRY). Bataille. Au centre du dessin on voit un commandant tomber avec sont cheval, un soldat lui vient en aide ; l'action est vive et archarnée sur tous les points, et elle est rendue avec beaucoup de vérité. A la plume et lavé d'encre de chine. On lit à gauche près d'un canon démonté, Dirk Langendyck, ad vivum del 1797 fecit 1803.

En largeur 0.211 sur 0,149.

160. Langendyck (T.). Port de mer. A gauche on voit plusieurs figures au pied d'un fronton soutenu par deux grandes colonnes, navires, etc. Très artistement arrêté à la plume et lavé d'encre de chine.

En largeur 0,467 sur 0,292.

161. Lantara (S. M.). Paysage. Vers le milieu du dessin on voit une chute d'eau et à gauche au second plan une grande cascade entre des rochers garnis de belles touffes d'arbres. L'eau arrive du lointain à droite où l'on remarque quelques fabriques, etc. Composition pleine d'effet et d'une harmonie parfaite. A la pierre noire relevée de blanc sur papier bleu.

En largeur 0,366 sur 0,233.

162. Larue (dit *Verstaeten*). Paysage. Un pâtre debout cause avec une femme assise, un chien est près d'eux. A gauche des rochers, à droite de grands arbres, et au second plan, on voit des bestiaux près d'une rivière. Arrêté à la pierre noire et colorié.

En largeur 0,278 sur 0,190.

163. **Lebrun** (CHARLES). Tête d'étude pour l'une des femmes qu'on voit dans son tableau du massacre des innocents. Fait à plusieurs crayons.

En hauteur 0,371 sur 0,292.

164. **Leeuw** (VAN DER , dit *Lione*). Animaux. Très joli dessin, étant un troupeau de vaches, moutons, chèvres et ânes , ils se dirigent de gauche à droite, un femme et un cheval suivent la même direction, une autre femme, le berger et son chien ferment la marche. Très spirituellement arrêté à la plume et lavé d'encre de chine.

En largeur 0,285 sur 0,146.

165. **Leoni** (OCTAVIO). Portrait d'une jeune femme : elle est vue presque de face, souriant et regardant le spectateur. C'est un des portraits les plus gracieux que nous ayons vus de ce maître. A la pierre d'Italie relevé de blanc sur papier bleu. Il porte la date du 6 janvier 1613.

En hauteur 0,230 sur 0,154.

166. **Leyde** (LUCAS DE). Alexandre et Campaspe. Vrai et rare dessin du meilleur faire du maître, marqué des deux L 'l. monogramme qu'il mettait habituellement sur ses dessins terminés. Arrêté à la plume d'encre de chine et lavé d'indigo.

En hauteur 0,310 sur 0,208.

167. **Leyde** (LUCAS DE). Sujet historique. Pendant de la précédente composition tout aussi importante, faite et marquée de même.

En hauteur 0,295 sur 0,200.

168. **Liender** (PAUL VAN). Paysage. Superbe composition où la grandeur de la nature est dépeinte avec infiniment de talent. Au centre se voit une ruine très élevée, entourée d'arbres de grandes dimensions. La lumière y pénètre si bien que tous les différents plans sont en évidence ; deux petites figures près de la ruine et deux autres plus petites encore vers la droite font ressortir tout ce qu'il y a d'imposant dans ce magnifique paysage. Arrêté à la pierre noire et lavé à la sépia. Signé Paulus Vanliender 1788.

En largeur 0,464 sur 0,352.

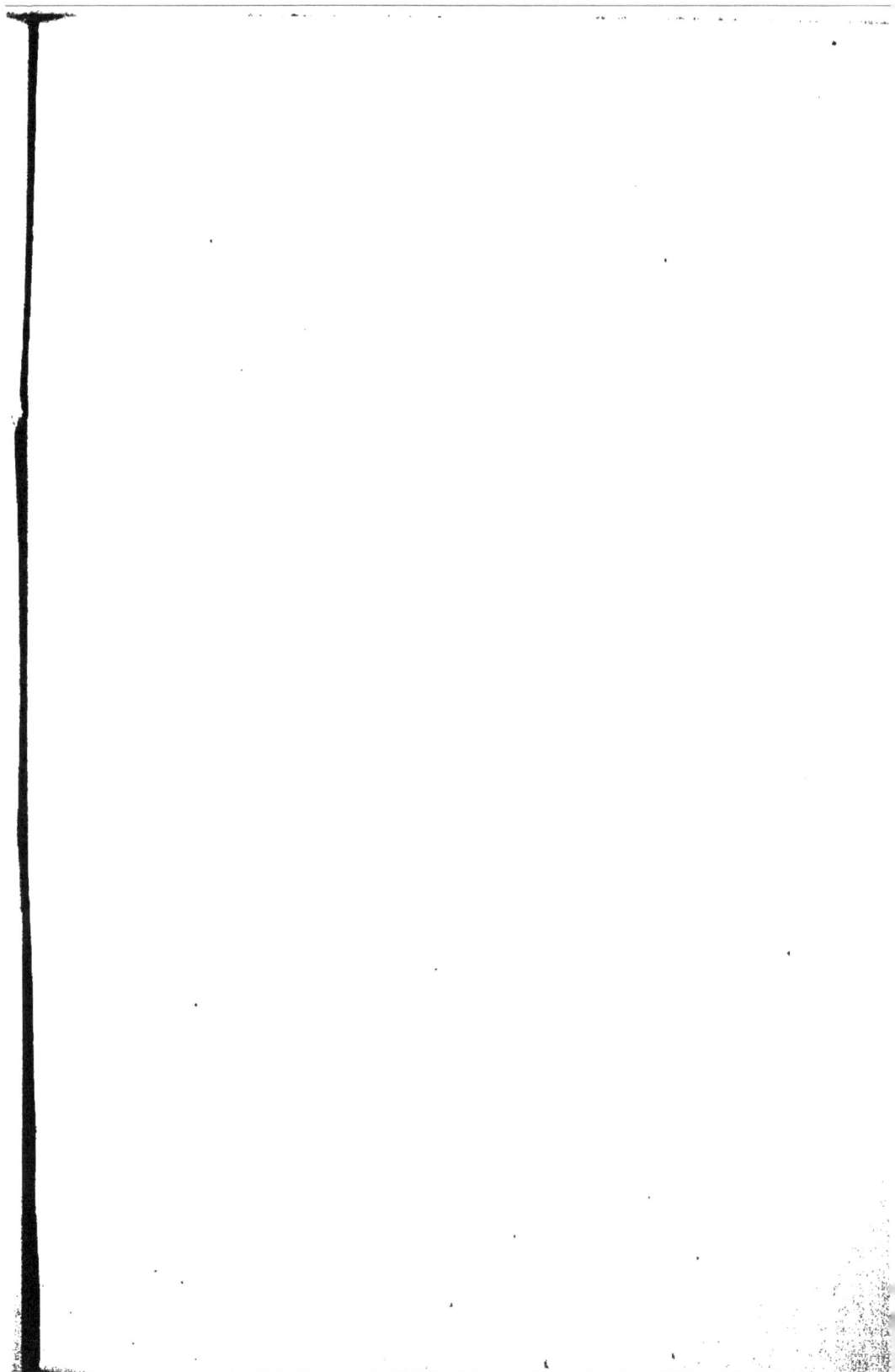

169. Ligozzi (Jacques). Superbe dessin dont le sujet est tiré du Dante. On y voit Paul et Françoise de Rimini précipités dans les abîmes. Le Dante et Virgile sont devant Minos. D'innombrables figures dans toutes les attitudes et des animaux fantastiques qui jettent feu et flammes, complètent cette intéressante composition ; dessinée avec tout l'art possible à la plume, lavé au bistre et relevée d'or. Ce rare dessin faisait autrefois partie de la collection Révil, n°   du catalogue.

En largeur 0,281 sur 0,207.

170. Lievens (Jean). Paysage. Canal dirigé de droite à gauche, les deux rives bordées d'arbres et réunies à l'arrière plan par un pont. Sur l'eau on voit une barque avec deux hommes, et dans le lointain un grand clocher. Très énergiquement fait à la plume et lavé de bistre.

En largeur 0,242 sur 0,185.

171. Loo (Carle Van). Mythologie. Andromède attachée au rocher est délivrée par Mercure, assisté de Cupidon. Vivement arrêté à la plume sur un trait de mine de plomb, lavé à la sepia. A gauche la signature du maître.

En hauteur 0,405 sur 0,273.

172. Luyken (Jean). La manne dans le désert. Aux premiers plans un peuple innombrable ramasse la manne. Le camp des différentes tribus est admirablement établi, sur une étendue immense et la composition se termine par de hautes montagnes. Cet important dessin est fait à la plume de bistre et lavé d'encre de chine.

En largeur 0,362 sur 0,283.

173. Mabuse (Jean De). La mise au tombeau. Composition capitale de neuf figures à la plume et lavé d'encre de chine. Les poses, les costumes, les expressions et le faire du maître rendent cette production des plus intéressantes au point de vue de l'art dans la première moitié du 16e siècle, et l'on chercherait en vain, un plus beau dessin de cet artiste.

En largeur 0,305 sur 0,270.

174. Manglard (Adrien). Marine. Au premier plan on voit la côte qui s'élargit vers la gauche il y a cinq navires et près de là une barque montée par un seul homme. En pleine mer on voit trois autres navires au lointain. Fait à la plume et lavé d'encre de chine.

En largeur 0,322 sur 0,238.

175. Mantegna (ANDRÉ). Promethée animant l'homme de terre. A gauche Promethée couvert d'une draperie, a la main sur le côté droit de sa statue et l'anime. André Mantegna étant né à Padoue en 1431, on conçoit que ses dessins deviennent de plus en plus rare et précieux. A la plume, lavé légèrement de bistre.

En hauteur 0,275 sur 0,169.

176. Mazzuoli (FRANÇOIS, dit *le Parmesan*). Frise. Cette pièce est d'une belle ordonnance fantastique arrêtée à la plume, lavée de bistre et relevée de blanc. Bonasone l'a gravée, l'estampe est jointe au dessin.

En largeur 0,270 sur 0,147.

177. Meer (J. VAN DER, dit *le Jeune*). Paysage et animaux. A droite près d'un grand pieu on voit deux moutons, un bélier et deux agneaux couchés dans la plaine; la vue s'étend à gauche sur la campagne et au fond on voit des rochers. Cette composition est une de plus belles que nous ayons vues du maître, elle est légèrement coloriée sur un trait de pierre noire. A droite la signature et l'année 1688.

En largeur 0,371 sur 0,237.

178. Meer (JEAN VAN DER, dit *de Delft*). Paysage. A droite sur une colline on voit l'entrée d'une ferme, deux grands arbres plantés dans la cour intérieure, couvrent en partie le haut du dessin. Au milieu du premier plan se trouve un homme à cheval, il parle avec un homme à pied, un peu plus loin il y a un homme assis, ces trois figures se trouvent entièrement dans l'ombre. Au tournant d'un mur à droite en pleine lumière du jour, se trouve un homme à cheval, il a à sa gauche un cheval de bat et à sa droite un homme et un chien. Au deuxième plan à gauche se trouve un attelage précédé d'un homme à pied et suivi d'un cavalier. Composition d'un aspect magnifique. A gauche la signature du maître et la marque de la collection de Damery.

En largeur 0,346 sur 0,250.

179. Metzu (GABRIEL). Jeune fille de huit à dix ans, Vue de profil, tournée vers la gauche, elle a les mains jointes et la tête baissée dans l'attitude du recueillement et de la prière. Joli dessin, d'une expression très naïve et d'une grande simplicité de formes; il a toutes les qualités qui distinguent les productions du maître. Fait à la pierre d'Italie relevé de blanc sur papier gris jaune. De la collection de Thomas Dinsdale.

En hauteur 0,336 sur 0,221.

180. Meulen (A. Vander). Louis XIV accompagné d'une brillante suite de cavaliers ; ils se dirigent vers la droite, un homme à pied qui se trouve à l'extrême gauche leur indique la route. Très joli dessin à l'encre de chine.

En largeur de 0,360 sur 0,190.

181. Mieris (François). Un Indien s'amusant avec un perroquet. Il est placé près d'un meuble sur lequel il s'appuie du coude gauche, l'avant-bras est relevé, et sur la main il tient l'oiseau. Très spirituellement fait à la plume et légèrement lavé d'encre de chine sur papier tinté.

En hauteur, 0,382 sur 0,224.

182. Mieris (Guillaume Van). Mythologie. Mercure et Vénus. Vénus est assise sur un lit, un amour est à sa gauche et Mercure à sa droite ; d'autres amours soutiennent les rideaux et des colombes voltigent au-dessus de la tête des amants. A gauche on voit deux cygnes et le Vésuve dans le lointain. Aquarelle d'une finesse extrême et probablement la plus belle qui existe du maître. Sur parchemin.

En largeur 0,101 sur 0,90.

183. Morgenstern (J. L. E.) Intérieur de la Cathédrale de Mayence. Le St-Sacrement porté processionnellement rentre à l'église du côté gauche et se dirige vers le maître-autel. Ce dessin, probablement le plus important du maître, est fait avec beaucoup de soins et de précision à la plume et colorié. A gauche la signature du maître et le millésime.

En largeur 0,596 sur 0,470.

184. Moucheron (Isaac). Deux magnifiques dessins, formant pendants, ils représentent des châteaux princiers, entourés de jardins somptueux. Le Peintre y a réuni à profusion, mais avec le plus grand discernement des ornements d'architecture, des statues, des vases, des fontaines. En un mot tout ce que l'art et la nature peuvent offrir en ce genre de plus riche et de plus séduisant, se trouve représenté dans ces deux compositions qui peuvent être considerées sous tous les rapports comme les chefs-d'œuvre du maître. Ces dessin faits à la plume et brillamment coloriés, sont gravés et les estampes sont jointes aux pièces. Il y a une très légère différence dans les dimensions des deux pièces, la première ou l'on distingue au premier plan deux chiens lévriers, porte,

En largeur 0,332 sur 0,248.

La seconde où l'on voit au premier plan une jeune femme qui remplit sa cruche, porte

En largeur 0,335 sur 0,250.

185. **Moucheron** (ISAAC). A gauche sous de grands arbres l'on voit un autel au pied de la statue de Priape, un homme y brûle de l'encens, deux femmes s'en éloignent, l'une porte une cruche sur la tête. Au milieu du dessin au second plan un homme arrive portant un panier de fruits, il se dirige vers la droite où se trouvent trois femmes assises au bord de l'eau. Le fond est orné d'un portique. Riche composition traitée en couleurs.

En hauteur 0,233 sur 0,170.

186. **Moucheron** (ISAAC). Paysage. A gauche l'on voit une statue, des arbres et des figures; un escalier orné de la statue d'un fleuve, monte vers la droite où se trouvent plusieurs figures près d'une cascade. Le second plan est très orné d'architecture, de jeux d'eau, etc. Un lointain très riche d'arbres et de montagnes, termine cette magnifique composition. Faite en couleurs comme les précédentes.

En largeur 0,340 sur 0,228.

187. **Murillo** (B. E.). Cinq études différentes sur une feuille pour la conception de la Vierge. Cet intéressant dessin est vivement et habilement tracé à la plume et lavé de bistre. Il a été rapporté d'Espagne à M. A. N. Pérignon, peintre et ancien expert des musées du Louvre, de qui nous le tenons.

En hauteur 0,265 sur 0,193.

188. **Murillo** (B. E.). L'enfant Jésus assis sur des nuages la main gauche appuyée sur le globe et la main droite levée en signe de bénédiction. Au lavis noir relevé de blanc sur papier gris.

En largeur 0,137 sur 0,117.

189. **Neer** (A. VANDER). Paysage. Effet de lune. Un canal occupe toute la largeur du premier plan et s'étend à perte de vue par le milieu du dessin. A gauche plusieurs maisons sous de grands arbres et à droite plusieurs arbres et maisons dans le lointain. La lune se reflète dans l'eau en deçà d'un pont qui réunit les deux rives, là se trouve une barque. A droite la signature du maître. Cette composition, d'un effet vraiment magnifique, doit être mise au nombre des plus savantes productions du maître.

En largeur 0,303 sur 0,189.

Vries 520

35

190. Ommeganck (B. P.). Paysage. Vue sur la Meuse près de Dinant, de grands rochers à gauche, une maison à droite et quelques animaux au bord de la rivière. N° 62 du catalogue de la vente après décès d'Ommeganck, 19 Juin 1827 à Anvers. Arrêté à la pierre noire et lavé d'encre de chine.

En largeur 0,533 sur 0,365

191. Ommeganck (B. P.). Paysage. Au centre on voit un bâtiment de ferme avec moulin à eau, fait d'après nature, dessin d'un très-bel effet et formant tableau. C'est le N° 680 du catalogue de la vente d'Ommeganck, faite à Anvers le 19 Juin 1827. Très soigneusement achevé au lavis d'encre de chine sur un léger trait de pierre noire. A gauche la signature.

En largeur 0,424 sur 0,320.

192. Ommeganck (B. P.). Paysage montagneux. A gauche une étable et sur le gazon au premier plan trois moutons, un bélier et deux chèvres. Cette charmante composition est signée et datée de 1820, époque où le talent du maître était à son apogée. Fait à l'encre de chine.

En largeur 0,435 sur 0,263.

193. Ommeganck (B. P.). Paysage. Tout le premier plan n'est qu'une pelouse. On remarque vers la droite une plante aquatique à larges feuilles. Au second plan de droite et de gauche il y a de grands arbres, le jour venant de la droite, éclaire brillamment le premier plan et l'intérieur du bois. Fait au pinceau à l'encre de chine.

En largeur 0,524 sur 0,358.

194. Ommeganck (B. P.). Intérieur d'une étable, où l'on voit quinze moutons et agneaux debout ou couchés. Le soleil vient de la droite par la double porte que le berger vient d'ouvrir, et il répand sur cette composition un charme inexprimable. Ce beau dessin est fait à l'encre de chine relevé de touches de bistre clair dans la manière employée quelquefois par Ad. Vandevelde.

En largeur 0,354 sur 0,247.

195. Ommeganck (B. P.). Paysage avec figures et animaux. A gauche l'on voit une cascade entre deux rochers couverts d'arbres, une chèvre et un mouton sont couchés dans l'ombre du rocher, et par contraste quatre moutons et un agneau se trouvent près de là en plein soleil. Plus en arrière la bergère, une vache couchée une autre debout, des moutons, etc. Au second plan on voit un pâtre avec son troupeaux dans le lointain des rochers et la campagne à droite. Cette ravissante composition est faite à l'encre de chine, au bistre et à l'aquarelle, elle a le mérite du plus beau tableau du maître et comme dessin il n'en existe pas de plus parfait de lui.

En largeur 0,454 sur 0,349.

196. **Ommeganck** (B. P.). Paysage et animaux. Trois moutons, un bélier, une chèvre et cinq agneaux dans un paysage. A gauche, un cheval au repos et à droite une cascade et un cours d'eau. Très joli dessin fait comme le précédent.

En largeur 0,405 sur 0,260.

197. **Os** (J. Van). Marine. Au premier plan, il y a un petit navire chargé de bois et près de là une embarcation portant aux hommes, plus loin à différents plans on voit d'autres petits navires; à droite près d'une palissade la signature du maître. Très joli dessin arrêté à la plume et colorié.

En largeur 0,214 sur 0,157.

198. **Ostade** (Adrien Van). Intérieur. Quatre paysans fument et boivent autour d'une table, une femme assise près de l'âtre s'occupe de sa marmite. Au second plan on voit encore deux paysans et deux enfants près d'une table. Très spirituellement fait à la plume et lavé d'encre de chine. De la collection Ploos Van Amstel.

En largeur 0,212 sur 0,170.

199. **Ostade** (Adrien). Kermesse. Un musicien monté sur un banc, joue du violon et fait danser quelques paysans et paysannes, l'un d'eux fait la culbute. A droite, à gauche et derrière on voit plusiers spectateurs et au premier plan un chien poursuit deux canards. A la plume lavé d'encre de chine.

Vente de Robert Dumesnil.

En largeur 0,217 sur 0,146.

200. **Ostade** (Adrien Van). Intérieur de sept figures. Une femme assise tient par la main un enfant qui semble se débattre, un homme également assis, se retourne faisant le geste de frapper l'enfant. Plus loin deux autres enfants et une femme qui met la marmite au feu. A gauche un enfant qui mange et près de lui un chat. Très spirituellement traité, est à la plume, soutenu d'un lavis de bistre.

En largeur 0,215 sur 0,155.

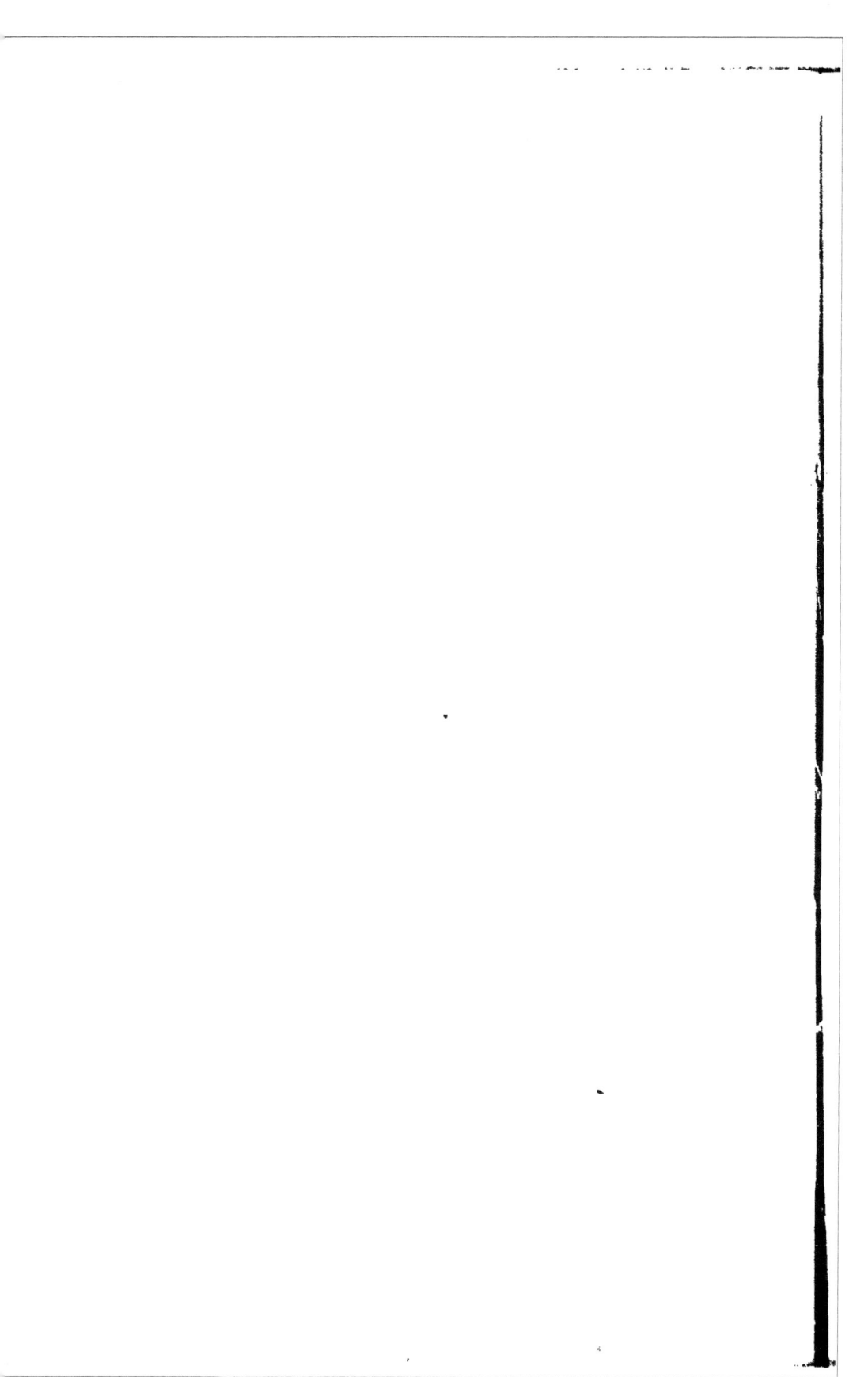

201. **Ostade** (ISAAC).Etude d'après nature. Un homme portant une cage à volaille, une femme tenant un panier et un homme couvert d'un manteau sont à causer. un chien est près d'eux Ces figures se trouvent devant deux maisons, dont les murs sont en partie couverts par une vigne. Arrêté à la plume et lavé très légèrement en couleurs.

En hauteur 0,380 sur 0,305.

202. **Ostade** (J. VAN). Etude d'après nature. Au premier plan à gauche, trois enfants sont à jouer, un chien se trouve près d'eux. A droite il y a une étable et près de la porte ouverte se trouve une vache debout et une chèvre couchée. Plus loin il y a une maison, un homme assis sur un banc, et un autre homme debout près de lui. Cette composition est traitée comme la précédente.

En largeur 0,398 sur 0,303.

203. **Overbeck** (L.) Paysage. On voit à droite l'extrémité d'un jardin avec un pavillon sous de grands arbres. Au centre un chemin s'éloigne en demi cercle vers la droite, on y remarque quatre grands arbres et une femme portant un panier. Ce dessin est d'un très bel effet, arrêté à la mine de plomb et très artistement lavé au bistre et à l'encre de chine.

En largeur 0,337 sur 0,268.

204. **Overlaet** (A.) Portrait d'homme. La tête couverte d'un chapeau est tournée vers la gauche et vue de profil. Overlaet dessinateur Anversois s'est fait une grande réputation par sa belle plume. Ses productions sont d'un trait si pur, si correct et si net, qu'on les croiraient burinées. Fait à la plume.

En hauteur 0,238 sur 0,196.

205. **Palme** (JACQUES). L'incrédulité de St-Thomas. A gauche le saint met l'index et le médius sur la paie. le Christ tourne la tête de ce côté et tient la main gauche sur la poitrine. Des deux côtés, derrière le Sauveur on aperçoit un apôtre. Largement et savamment traité à l'encre de chine, au bistre et relevé de blanc.

En largeur 0,244 sur 0,200.

206. **Palmieri** (JOSEPH). Paysage d'Italie. A gauche deux arbres, et près de là un cavalier à cheval s'entretient avec quatre hommes dont trois sont assis ou couchés sur les rochers près d'une pièce d'eau. A droite de hautes montagnes, sur lesquelles on voit les ruines d'un

château. Savamment traité à la plume et lavé de bistre, du meilleur faire du maître.

En largeur 0,453 sur 0.307

207. Passarotti (B.) La tête de Brutus d'après l'antique, faite avec beaucoup d'art et d'habilité. Le fier tribun est vue presque de face, il jette à droite un regard effrayant.

En hauteur 0,370 sur 0,279.

100

208. Piazzetta (J. B.) Buste de grandeur naturelle d'un jeune homme lisant. Il est tourné vers la gauche. Fait à la pierre noire relevé de blanc sur papier gris.

En hauteur 0,473 sur 0,300.

100

209 Pillement (Jean) Deux sujets pour décors; traités dans le style d'Antoine Watteau et d'un effet très caractéristique et pittoresque. A la pierre noire.

En hauteur 0,136 sur 0,225.

100
100

210. Piombo (Sébastien Del). Figure d'étude. Caïn tombe terrifié à la vue du Père éternel qui lui reproche son crime. Académie d'un très beau caractère et d'une belle expression; elle était attribuée à Michel-Ange. Des collections Richardson et J. P. Zomers. Fait à la sanguine.

En hauteur 0,555 sur 0,413.

200

211. Pippi Julio (Jules Romain). Sujet mythologique. Composition capitale. Au premier plan Neptune de son trident stimule l'ardeur des quatre chevaux marins attelés à son char. Jupiter dans les airs s'efforce d'apaiser la tempête, et dans le lointain on voit une multitude de personnes entourées de dauphins. Ce dessin des plus importants du maître a été gravé, il est fait à la plume soutenu d'un lavis de bistre. De la collection G. Vallardi de Milan.

En largeur 0,545 sur 0,396.

500

212. Poelenbourg (Corneille). Sujet mythologique. Au centre Hébé assise au pied de deux arbres, elle pose la main droite sur l'amour arrivant à elle. A gauche les deux oiseaux de rigueur. Très soigneusement fait au bistre sur un trait de sanguine. Ce dessin a été gravé.

En largeur 0,149 sur 0,130.

100

213. Potter (Paul). Le retour à la ferme. A gauche on voit une jeune femme à cheval et dix chèvres et moutons près d'une mare d'eau, ils font suite à un grand troupeau de même nature qui se dirige de la

1000, 100

Vialb 520

gauche vers la droite et au centre duquel marche un berger avec sa houlette. Cet intéressant dessin par la nature de sa composition et le terrain qu'il représente est indubitablement une composition pour faire pendant au fameux tableau de la Galerie de Dresde, autre retour à la ferme. Ci-joint cette pièce pour la comparaison Fait très énergiquement à la plume et lavé de bistre.

En largeur 0,262 sur 0,167.

600

214. Potter (Paul). Cinq cochons se dirigeant de la gauche vers la droite. Beau dessin énergiquement traité à la pierre d'Italie relevé de blanc sur papier teinté jaune.

En largeur 0,336 sur 0,202.

150

215. Pourbus (François). La Flagellation. Le Christ à la colonne est battu de verges par deux hommes, un troisième lui attache les pieds, en présence d'un magistrat. Ce dessin très remarquable appartenait à la collection de Ploos van Amstel, il est porté au catalogue comme étant de Jean Pourbus né à Gouda en 1505, c'est une erreur Jean Pourbus n'a pas existé. Dessin remarquable et d'une grande rareté : Il est fait à la plume et relevé de blanc sur papier teinté.

En largeur 0,217 sur 0,184.

100

216. Poussin (Nicolas). Paysage. Au premier plan, on voit deux figures d'hommes à moitié cachés par les rochers, au second plan des fabriques et quelques petites figures, le lointain est une chaîne de montagnes. Site d'Italie largement lavé au bistre sur un trait de plume. De la collection de Lord Spencer.

En largeur 0,297 sur 0,212.

100

217. Poussin (Nicolas). Petit dessin de la vieillesse du maître et fait de sa main tremblante; il représente une composition allégorique pour la naissance du Dauphin. Un ange appuyé sur un berceau présente auGénie de la France le livre de ses destinées pour y inscrire le nom du Royal Enfant et la renommée embouche la trompette. Entièrement fait à la plume de bistre.

En hauteur 0,138 sur 0,90.

200

218. Poussin (Nicolas). St-Jean prêchant dans le désert. Le prédicateur avec sa croix, il a la main droite levée et il parle à ses auditeurs; quatre sont à gauche et sept à droite. Les poses, les formes et les expressions des figures sont remarquables. Le dessin est fait à la plume soutenu d'un énergique lavis de bistre.

En hauteur 0,144 sur 0,92.

40

219. Poussin (Nicolas). St-Paul prêchant à Athènes. A gauche l'apôtre placé sur une élévation; il tient la crosse de la main droite, lève la gauche et parle au peuple réuni autour de lui. Au second plan, on voit l'intérieur de la ville. Ce dessin est traité comme le précédent.

En hauteur 0,199 sur 0,133.

220. Procaeini (Jules César). Tête d'ange de grandeur naturelle; elle est vue de trois quarts, le regard dirigé vers la gauche, la main du côté opposé, relève une draperie. Très joli dessin d'une expression remarquable et très terminé aux trois crayons rouge, noir et blanc.

En hauteur 0,266 sur 0,209.

221. Puget (Pierre). Bas-relief. A gauche deux satyres portent Silène ivre, ils semblent vouloir le déposer aux pieds d'une Bacchante couchée à droite. A côté de Silène on voit un petit satyre. A la droite se trouve un autre satyre qui sonne de la trompe, et plus loin encore deux autres figures. Largement traité à la pierre noire.

En hauteur 0,170 sur 0,116.

222. Pynacker (Adam). Paysage Au premier plan on voit un tronc d'arbre et des broussailles; un homme conduisant une vache et suivi d'un chien, va traverser un pont qui conduit à l'autre rive vers les rochers. Composition remplie de charme, de lumière et de vérité, elle est lavée à l'encre de chine.

En hauteur 0,325 sur 0 311.

223. Rademaker (Abraham). Paysage d'une vérité et d'une finesse extrêmes. A droite sous l'ombrage se trouve assis un homme la hotte sur le dos, il est accompagné d'un chien; un passant, placé sous un arbre isolé au premier plan, semble lui demander le chemin qu'il doit suivre. Plus vers la gauche arrive une charrette attelée de deux chevaux et dans le lointain l'on voit un château entouré d'arbres. Aquarelle. La signature du maître se trouve à gauche.

En largeur 0,185 sur 0,112.

224. Rademaker (A.). Paysage. Au premier plan un chemin conduit de la droite vers la gauche, on y voit un homme à pied et un autre à cheval, ils vont traverser un pont Sur la rive opposée il y a une église. La rivière s'étend vers la droite, et l'on y remarque une multitude de petits navires. Très joli dessin arrêté à la plume et lavé d'encre de chine.

En largeur 0,270 sur 0,180.

225. Raibolini (*dit le Francia*) Trois figures, celle du milieu est une jeune femme, à genoux et pleurant devant elle se trouve un religieux et derrière elle on voit une autre jeune femme debout les mains jointes, et dans l'attitude de la désolation. Cette petite relique de l'art ancien, est faite d'un trait de plume d'une finesse et d'une précision admirables, et soutenue d'un très léger lavis de bistre. On ne saurait décrire la vérité si simple et si naïve des poses et des expressions, ni la parfaite élégance des draperies, tout cela est d'un sentiment exquis. De la collection du baron Denon.

En largeur 0.182 sur 0.168

226. Raphaël d'Urbin. L'enlèvement d'Hélène. Composition très importante; on voit au premier plan, l'avant d'un navire et une multitude d'hommes qui embarquent des objets précieux. Hélène arrive de la droite entre deux guerriers, d'autres femmes la suivent, et plusieurs guerriers encore accompagnent. Sur la droite un homme détache la corde pour précipiter le départ du navire. Ce dessin est vivement tracé à la plume, sur papier non doublé, et bruni par le temps. Rare et belle composition différemment conçue que celle du même sujet gravée par Marc Antoine.

En largeur 0,409 sur 0,269.

227. Raphaël d'Urbin. Deux études de figures drapées, dessinées à la plume d'après l'antique; à l'une figure il manque la tête. Les deux angles de la partie supérieure du papier se trouvent coupés. On y lit en caractères du temps et peut être de la main de Raphaël la finale suivante : « Felicitas esse certa qui fama. »

Ce dessin provient de la collection de M. A. N Pérignon, peintre et ancien expert des musées du Louvre.

En hauteur 0,269 sur 0,22.

228. Raphaël Urbin. L'évangeliste St-Mathieu, Il est assis sur les nuages, un ange tient l'écritoire et une banderole. Ce beau dessin est à la plume et au bistre, il appartenait autrefois à la collection du baron Denon, N. 303 du catalogue et il est lithographié dans l'œuvre de ce collecteur. On nous a assuré que les dessins des trois autres évangelistes sont perdus par l'humidité, la gravure d'Augustin Vénitien prouve que la figure d'ange de notre dessin en a également un peu souffert, mais quoiqu'il en soit, la rareté des productions de Raphaël et leur éminent mérite feront toujours rechercher les moindres fragments du travail du grand homme.

En hauteur 0,203 sur 0,182

229. Reggio (RAFAELLINO). Projet de monument à la mémoire d'un pape. Deux anges tiennent la tiare au dessus d'un écusson portant une tête de chérubin. Les tenants sont deux figures de femmes représentant la prière et la foi. Habilement fait à la plume et lavé de bistre.

De la collection de A. N. Pérignon, peintre et ancien expert des Musées du Louvre.

En hauteur 0,230 sur 0,162.

230. Rembrandt (VAN RHYN). L'adoration des Mages. Au premier plan à gauche et contre un rocher se trouve la Vierge assise avec l'enfant Jésus, l'un des Mages est prosterné à leurs pieds. Le second arrive de la droite et fait un signe d'exclamation, il est accompagnée d'un serviteur. Le troisième Mage descend de son chameau, il est soutenu par un serviteur, etc. Cette jolie composition est d'une conservation qui ne laisse rien à désirer, elle est vivement exécutée à la plume de bistre et elle porte la marque de Robert Dumesnil.

En largeur 0,287 sur 0,199.

231. Rembrandt (VAN RHYN). Joseph racontant ses songes. On voit à gauche la mère au lit et le père assis dans son fauteuil, les frères de Joseph se tiennent debout par groupes, depuis le lit de la mère jusqu'à l'extrême droite où Joseph se trouve à terre racontant ses songes. Cette pièce capitale faisait partie d'un petit nombre de dessins délaissés par M. H. Weber Md d'estampes, à la succession duquel nous l'avons acquise. Fait à la plume et au bistre.

En largeur 0,276 sur 0,173.

232. Rembrandt (VAN RHYN). Un lion couché et endormi, il est tourné vers la droite, sa tête reposant sur ses pattes de devant. Très énergiquement lavé au bistre. Acquis à la vente Norblin, N° 199 du catalogue

En largeur 0,224 sur 0,136.

233. Rembrandt (VAN RHYN). Le passage du bac par un soleil couchant. A droite quelques petits navires contre une jetée. Le bac se dirige vers la gauche, il est sous voiles et porte une voiture. Deux hommes se trouvent à l'arrière et la silhouette de l'un se détache vigoureusement dans les rayons du soleil couchant. A gauche on voit une petite embarcation dirigée par un homme seul et dans le lointain du même côté il y a un village avec un clocher. A la plume et énergiquement soutenu d'un lavis de bistre.

En largeur 0,245 sur 0,171

Vrias 1025
li dimatri
di iun 1925

43

Ce dessin prouve que Rembrandt par son faire facile et hardi se jouait des plus grandes difficultés que la nature puisse présenter aux ressources de la peinture : aussi une composition de Rembrandt analogue à celle-ci mais moins importante fut vendue 400 fl. à M. De Reus, à la vente de M. Bernard de Bosch, en 1817, à Amsterdam, catalogue N° 13 page 27; voici la description de ce dernier dessin : « Le départ du bac. On voit sur « la rive opposée un chemin qui conduit au village dont le clocher et « les maisons se détachent parfaitement du fond. Cette composition si « simple et si naturellement rendue est faite avec tout l'art possible à « la plume de roseau et à l'encre de chine. »

En hauteur 5 pouces trois quarts, soit en millimètres 0,135
En largeur 8 id un quart « 0,205.

234. **Rembrandt** (VAN RHYN). La leçon d'anatomie. Ce dessin largement et fermement esquissé est la première pensée du maître pour son chef-d'œuvre. Dans cette composition de neuf figures, pas une tête, pas une main n'est restée dans le tableau conforme à la première idée, bien que l'aspect général ait été conservé. Mais dans ce dessin l'on retrouve Rembrandt dans son entier, c'est-à-dire avec ses défauts et ses qualités. Ainsi le fond du dessin ne représente qu'une colonne d'un côté, un rideau de l'autre, la lumière y est répandue on ne sait comment, et dans le tableau au contraire, le fond représente l'intérieur de la salle d'Anatomie d'Amsterdam, et le grand jour n'éclaire que le premier plan. Donc dans le dessin la fougue, et dans le tableau au contraire la réflexion du maître. Il en est de même pour les attitudes des personnages, nous n'on ferons pas ressortir tous les détails, ce serait trop long, mais là encore la réflexion du maître a fait changer tout ce que la première idée présentait d'incomplet. Rien n'est plus intéressant que cette comparaison entre la composition d'un dessin, et celle d'un tableau qui en a été la suite. Cette comparaison permet de pénétrer dans la vie artistique intime d'un maître, on y découvre jusque dans les moindres détails, la pensée qui fait agir, et les moyens employés pour l'exprimer. Ainsi ce dessin prouve à la dernière évidence que Rembrandt n'a pas eu d'abord l'idée d'offrir ce tableau à la caisse des veuves et orphelins des chirurgiens d'Amsterdam : cette idée est venue après, et alors il a perfectionné son œuvre en y ajoutant l'intérieur de la salle d'anatomie, en y mettant chacun convenablement à sa place, en un mot en faisant le portrait de tous les assistants. Ces portraits, il les faisait évidemment par amitié pour le docteur Tulp, Bourgmestre d'Amsterdam et professeur d'anatomie. Rembrandt était son ami intime, comme il fut plus tard l'ami intime du bourgmestre Six qui avait épousé la fille du docteur Tulp. Une remarque curieuse à faire encore, c'est que ce cadavre qui se trouve

la à l'amphithéâtre a l'avant-bras gauche entièrement disséqué, tandis que dans le dessin on ne voit pas de bras, c'est encore la réflexion qui fit faire ce changement à Rembrandt, pour rester dans le vrai. Le cadavre est celui d'un supplicié, célèbre brigand renommé pour sa force athlétique et son extrême adresse, pris et repris plusieurs fois, il parvenait toujours à rompre ses chaînes et à s'échapper; finalement il fut pendu, et le Docteur Tulp en disséquant cette main, découvre et explique à ses élèves le phénomène musculaire qu'elle présente. Voilà toute l'histoire de cette leçon d'anatomie, vendue en 1837 pour 30,000 fl. et achetée pour le musée de La Haye. Ci-jointe l'estampe de J. de Frey, gravée dans le sens même du tableau. Ce rare et intéressant dessin provient de la collection de J. Goll de Frankenstein. Fait à l'huile sur papier.

En largeur 0,185 sur 0,135.

235. **Reni** (Guido). Madono. La Vierge dans un croissant et portée sur les nuages tient sur ses genoux l'enfant Jésus endormi. Ce intéressant dessin, que le Guide a aussi gravé lui-même à l'eau forte, faisait autrefois partie de la collection Mariette, N., 639 du catalogue et fut adjugé en 1775 à M. Pujot pour la somme de 100 liv. Fait à la plume.

En hauteur 0,260 sur 0,218.

236. **Reni** (Guido). Tête d'étude pour une Ste-Cécile. Elle est vue de face les yeux levés vers le ciel ; très habilement faite aux crayons noir, rouge et blanc.

En hauteur 0,400 sur 0,309.

237. **Ribera** (G). Etudes de figure burlesque vue de profil et tournée vers la droite. A la sanguine.

En hauteur cintrée du bas 0,223 sur 0,150.

238. **Robusti** (Jacques, dit le *Tintoret*). La destruction de l'idolâtrie par l'institution du baptême. Le prêtre entouré de quatre figures symboliques administre le sacrement du baptême à un enfant, l'esprit saint environné d'une gloire d'anges plane sur ce groupe, et à droite un ange le glaive à la main expulse les mauvais génies. Un fleuve se trouve au bas de cette composition capitale, faite vivement et avec tout l'art possible au pinceau de bistre, relevée de blanc à la térébentine, sur papier jaune.

En hauteur les quatre coins coupés 0,612 sur 0,370.

239. **Roghman** (Roland). Paysage. A droite sur un tertre peu élevé on voit trois arbres; près de là, un homme à cheval parle avec deux autres

personnes et un enfant. Au premier et au second plan à gauche il y a des collines avec des arbres et quelques figures. Au fond un beau lointain. Il y a dans cette charmante composition beaucoup de simplicité et d'effet dans le style de Rembrandt. A droite la signature du maître. Fait à la plume à l'encre de chine et au bistre.

En largeur 0,233 sur 0,151.

240. Romanelli. Attribué. Composition très gracieuse pour un plafond, sept jeunes femmes se voient dans différentes poses accompagnées d'amours. Fait à la sanguine, forme ovale.

En largeur 0,520 sur 0,170.

241. Romeyn (G. Van). Paysage et Animaux. On voit à droite six chèvres et moutons couchés, et vers la gauche quatre bœufs et un bélier, les trois derniers sont dans une mare d'eau. Le fond de cette composition est un rocher surmonté d'une ruine. Le pâtre, une femme et un chien sont vers la droite où la vue s'étend sur la campagne. Très légèrement et savamment lavé à l'encre de chine.

En largeur 0,341 sur 0,253.

242. Romeyn (G. Van). Paysage et animaux. On voit au premier plan une vache couchée tournée vers la gauche et derrière elle une autre vache debout tournée vers la droite, un pâtre vu du dos s'appuie sur cette dernière. A droite on apperçoit la campagne, une pièce d'eau, un château et des montagnes. Ce dessin qui est un des plus beaux du maître est savamment arrêté à la plume et vigoureusement lavé à la sepia.

En largeur 0,256 sur 0,212.

243. Roncalli (Christophe, dit cavalière Pommoranci). Tête d'homme vue de face, le regard vers le spectateur. Très artistement faite à la sanguine sur papier bleu.

En hauteur 0,243 sur 0,179.

244. Roos (Philippe, dit Rosa de Tivoli). Paysage et animaux. Au premier plan à gauche on voit un chien qui boit, un pâtre assis et derrière lui un âne debout et deux vaches couchées; à droite et à gauche plusieurs moutons et des chèvres. Le second plan et le lointain sont très accidentés. Cette composition très importante et d'une grande vérité est faite au bistre sur un trait de pierre noire. A gauche la signature, P. Rosa f. 1679.

En largeur 0,530 sur 0,355.

245. **Rosa** (Salvator) St Jean prêchant dans le desert. Sujet connu par l'eau forte, que le maître en a faite lui même. Composition de grand effet, lavée de bistre sur un trait de plume et d'une conservation parfaite; elle appartenait autrefois à la collection, du comte de Caylus

En hauteur 0,334 sur 0,258.

246. **Rubens** (P. P.) Paysage très vivement et savamment tracé à la pierre noire ; le sol est très accidenté, l'on voit vers le milieu, un peu à gauche au premier plan, un groupe de quatre arbres dont deux sont à moitié brisés; au second plan plus à droite il y a également un groupe de quatre arbres. Les productions de Rubens en ce genre sont rares.

En largeur 0,435 sur 0,281.

247. **Rubens** (P. P.). Tête de jeune femme de grandeur naturelle tournée vers la gauche et le regard dirigé vers le bas. Faite à la pierre noire, relevée de blanc sur papier gris. Ce dessin est d'une grande force et d'une simplicité remarquable.

En hauteur 0,343 sur 0,255.

248. **Rubens** (P. P.). Etude pour un ange de grandeur naturelle; vu par derrière il tourne légèrement la tête du côté gauche. On voit la guirlande de fruits qu'il attache pour décorer une niche où se trouve la statue de la Vierge. Voir la gravure jointe de Corneille Galle, d'une composition de Rubens, à laquelle se rapporte le dessin avec de légers changements. Ce superbe dessin est fait aux trois crayons noir, rouge et blanc.

En hauteur 0,500 sur 0,400.

249. **Rubens** (P. P.). Guirlande de fleurs et de fruts, étude pour le tableau mentionné ci-dessus. Fait aux trois crayons.

En hauteur 0,376 sur 0,177.

250. **Rubens** (P. P.). Etude pour la figure de jeune femme, qui se voit au premier plan du tableau de la Renommée couronnant Mars de lauriers (dans la galerie de Dresde). La jeune femme est assise, elle tourne le dos au spectateur, sa tête est vue de profil et dirigée vers la gauche. Fait avec tout l'art possible aux trois crayons noir, rouge et blanc, sur papier teinté.

En hauteur 0,306 sur 0,195.

251. Rubens (P. P.). Histoire. Le jugement de Salomon Il est
inutile de décrire cette composition connue par la gravure de Bolswert ;
nous ferons seulement remarquer que les aquarelles de Rubens sont
extrêmement rares, et que celle ci est d'autant plus précieuse qu'elle
est arrêtée à la plume et porte ainsi le caractère de la plus irrécusable
authenticité. C'est de ce trait de plume si simple que sont faits tous les
dessins de Rubens pour les arcs de triomphe de la ville d'Anvers, et
pour l'ornementation de l'église des jésuites de la même ville.

En largeur 0,293 sur 0,243.

252. Rugendas (G. P.). On voit à l'intérieur d'une grange dont la
porte est ouverte, un cavalier à cheval causant avec un domestique, il y
a près d'eux un cheval non monté et deux chiens; plus à gauche, deux
chevaux au ratelier. Fait énergiquement à la plume, lavé de bistre et
relevé en ménageant le blanc du papier.

En langeur 0,320 sur 0,488.

253. Ruysdael (Jacques) Mer agitée. Sur la droite au deuxième
plan quelques petits navires amarrés à l'entrée d'un port, vers lequel se
dirige une barque sous voiles venant de la gauche. Largement et fermement traité à l'encre de chine, les nuages arrêtés d'un trait de plume.
Ce dessin est de la première manière du maître.

En largeur 0,314 sur 0,202.

254. Ruysdael J. et Ad. **Vandevelde**. Paysage et animaux. Au
premier plan on voit une vache qui s'abreuve et une autre qui se dirige
vers l'eau ; près d'elles sont deux moutons et le berger assis s'appuyant
sur son bâton. Plus à gauche on voit un homme assis, la botte sur le
dos, et dans le chemin qui conduit au village, il y a une femme portant un
panier sur la tête. Au deuxième plan, à droite, on remarque sur une
élévation un vieux tronc d'arbre à tête desséchée, à gauche un moulin
à vent, et un clocher dans le lointain. Cette belle composition est dou-
blement remarquable par ce qu'elle offre dans un même ensemble le
travail différent de deux grands artistes qui se comprenaient si bien
qu'on dirait le dessin fait d'un seule et même main. Dessin de la première manière du maître, arrêté à la plume et lavé à l'encre de chine.

En largeur 0,366 sur 0,262.

255. Ruysdael (Jacques). Bâtiments de ferme et dépendances. On
remarque à gauche la remise aux charrettes, et à droite une mare d'eau.
Charmant dessin très vivement arrêté à la pierre noire et lavé d'encre

de chine. Dessin de la deuxième manière du maître et de toute la force de son talent.

En largeur 0,220 sur 0,174.

256. Sabbatini (Laurenzo). Le passage de la mer rouge. Composition importante et d'un très beau style. Au centre, Moïse debout étend la main droite sur la mer, à gauche on voit Pharaon et toute son armée dans les flots ; la partie de droite est occupée par les Israélites. Les groupes, les attitudes, les gestes, l'expression des figures, tant des hommes que des femmes et des enfants, sont parfaitement vrais et bien rendus, l'ensemble du dessin est magnifique. Fermement arrêté à la plume sur papier bleu clair, lavé à l'indigo et relevé de blanc.

En largeur 0,482 sur 0,158.

257. Sadeler (R). Portrait d'un cardinal. Le personnage est vu de trois quarts, tourné vers la droite, il a les deux mains jointes dans l'attitude de la prière. Au-dessus du médaillon deux génies ailés tiennent les armoiries et aux deux côtés l'on voit une figure emblématique, accessoires, etc. Très joli dessin, habilement composé et exécuté à la plume lavé de bistre et relevé de blanc.

En hauteur 0,255 sur 0,198.

258. Saftleven (Herman). Vue du Rhin. A gauche sur une montagne élevée on voit plusieurs maisons et une église. On est en guerre, une pièce de canon fait feu et de nombreux troupiers se trouvent sur toutes les routes d'un lointain immense, où l'on voit serpenter le fleuve. Très spirituellement et finement traité à la plume et lavé de bistre. Le maître n'a pas fait de plus beau dessin que celui-ci.

En largeur 0,283 sur 0,224.

259. Saftleben (Corneille). Animaux. Une vache vue de profil et dirigée vers la droite se trouve dans un cours d'eau, un taureau s'avance vers elle, en mugissant et agitant sa queue. Largement et très énergiquement fait à la pierre noire, à la plume et colorié. Superbe dessin.

En largeur 0,381 sur 0,249.

260. Salviati (Joseph). Figure de femme aux ailes déployées, nue jusqu'à la taille ; elle porte la main droite à la tête et tient le bras gauche tendu vers le bas. Une draperie élégante couvre la partie inférieure du corps et en dessine les formes. Le genou gauche pose sur une sculpture. Ce dessin est très remarquable de style, de formes et d'expression.

Arrêté à la plume, lavé de bistre et relevé de blanc. Collection de Sir J. Reynolds.

En hauteur 0,318 sur 0,264.

261. **Sarte** (ANDRÉ DEL.). La Vierge, l'enfant Jésus et St-Jean. La madone est assise, elle tient l'enfant sur ses genoux est derrière lui on voit St-Jean. A droite un lointain. Fait à la sanguine. Collection Reynolds.

En hauteur 0,260, sur 0,177.

262. **Schidone** (B.). Ste-Famille. A droite la Vierge tenant l'enfant Jésus sur ses genoux, elle prend une pomme que St-Joseph vient de cueillir. A gauche se trouvent deux anges dont le premier, le dos tourné, tient une corbeille. Très joli dessin fait dans le style du Corrège à la pierre d'Italie relevé de blanc sur papier gris. De la collection du comte de Caylus.

En hauteur 0,430 sur 0,300.

263. **Schöen** (MARTIN). Le Christ priant au jardin des olives. Cette petite relique qui a traversé plus de quatre siècles, est une des douze pièces de la passion de Jésus-Christ, que le peintre a gravées lui-même. Elle est faite de cette manière caractéristique de l'époque où les sentiments s'exprimaient avec une remarquable naïveté, où les draperies se dessinaient avec raideur, et où tous les détails se rendaient avec une grande précision. Fait à la plume et lavé d'encre de chine de la collection J. Pausch, N° 449.

En hauteur 0,168 sur 0,114.

264. **Schotel** (J. C.). Un calme. A gauche on voit la côte et une barque où se trouve un homme assis. A droite plusieurs navires caboteurs contre une palissade. Très artistement arrêté à la pierre noire et légèrement colorié. A droite la signature.

En largeur 0,444 sur 0,301.

265. **Schotel** (JEAN-CHRÉTIEN). Plage. A droite au premier plan il y a deux hommes l'un assis, l'autre debout la main droite dirigée vers l'estacade. A gauche deux barques de pêcheurs hors de l'eau et abritées par les dunes. A la plume lavé d'encre de chine.

En largeur 0,272 sur 0,195.

266. **Schouman** (AD). Dans un paysage avec architecture l'on voit un coq, trois poules, trois poussins et deux pigeons. Par un portique on aperçoit l'intérieur d'un parc. Aquarelle très habilement exécutée.

En largeur 0,236 sur 0,218.

267. **Schouman** (M.) Marine. Une mer houleuse. A gauche au premier plan on voit une bouée, plus loin un trois mâts se trouve à l'ancre abrité par des rochers et vers la droite un autre trois mâts est sous voiles. Arrêté à la plume de bistre et lavé à l'encre de chine.

En largeur 0,450 sur 0,314.

268. **Seghers** (Gérard). Sujet religeux. Le Christ guérissant un paralytique. Grande et belle composition de dix-neuf figures, dans un paysage orné d'architecture. Lavé à l'encre de chine et à la sœpia.

En largeur 0,419 sur 0,275

269. **Sneyders** (F.) Trois chiens poursuivent deux tigres, un de ces derniers près d'être atteint, culbute un chien. Très énergiquement tracé à la pierre noire.

En largeur 0,477 sur 0,205.

270. **Sneyders** (François). Un concert d'oiseaux. A gauche sur un rocher et à droite sur un arbre l'on voit une multitude d'oiseaux choisis parmi les espèces dont le ramage est le moins harmonieux. Tous les artistes de cette réunion indiquent par leur pose et le mouvement de leur bec qu'ils sont membres exécutants sous la direction de maître Hibou perché gravement sur le livre de musique. Composition très originale et spirituelle faite à la plume et lavée d'encre de chine. Le lointain légérement lavé en bleu.

En largeur 0,438 sur 0.274.

271. **Stry** (Jacques Van). Paysage. A droite il y a de grands arbres contre une montagne. A gauche des broussailles et un chemin qui descend vers une plaine immense. L'on voit arriver montant la côte, plusieurs figures et animaux ; une femme sur un âne, précédée d'un chien, se trouve entièrement en vue sur le plateau, le reste suit. Le dessin est fait à la sépia avec cette vigueur extrême qui caractérise les œuvres de Jacques Van Stry. A droite la signature: J. Van Stry.

En largeur 0,353 sur 0,260.

272. **Stry** (Jacques Van.) Paysage et animaux. Au premier plan à droite on voit des ruines au bord de l'eau, un pâtre appuyé sur son bâton y cause avec une jeune femme assise au pied d'un arbre. Près de là on voit encore une fille et un garçon, ce dernier fait danser son chien. Plus à gauche il y a trois moutons couchés et une chèvre debout. Du second plan moins élevé que le premier, on voit arriver un nombreux troupeau d'animaux et à gauche la vue s'étend sur la campagne. Ce des-

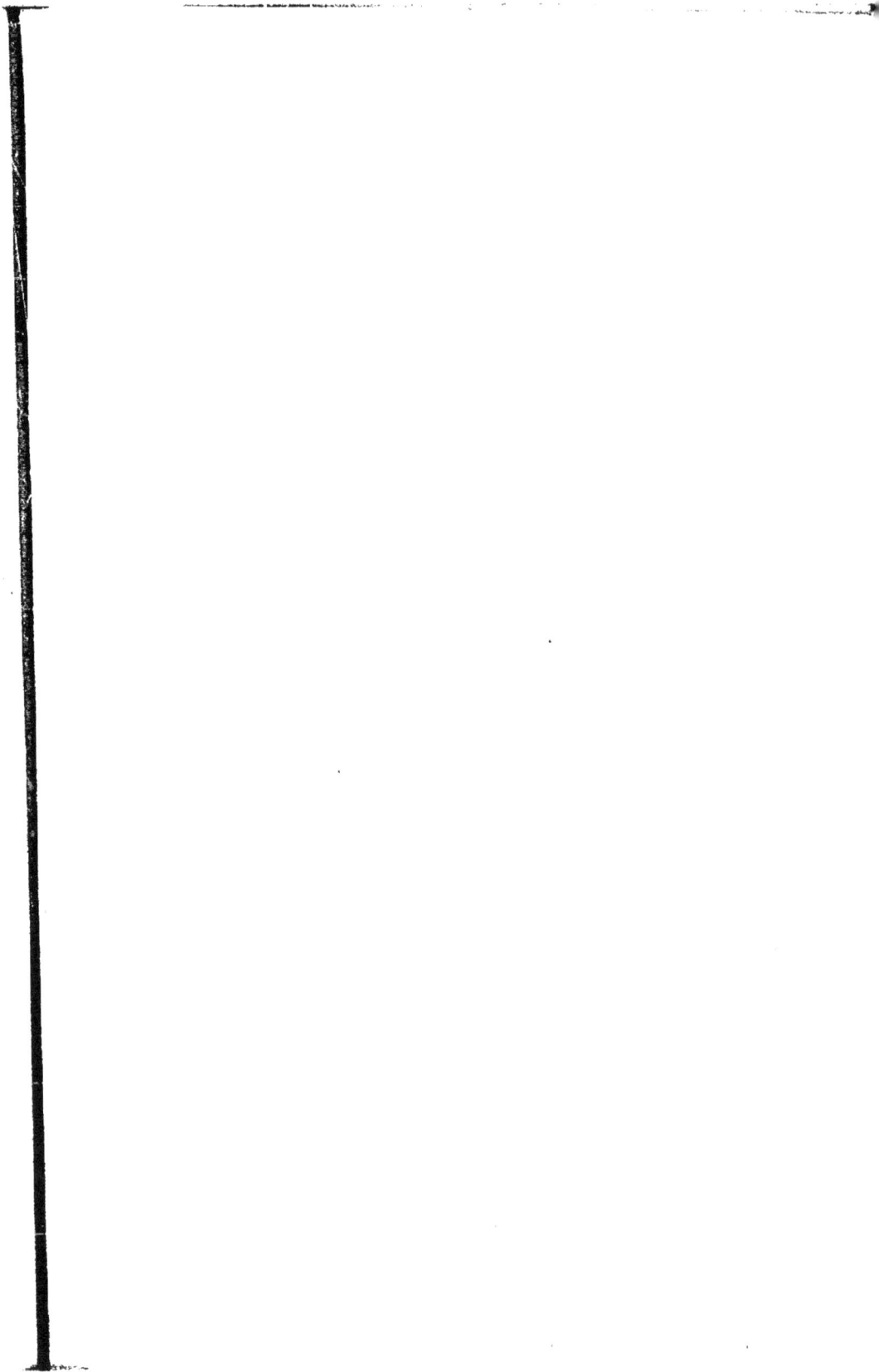

sin est arrêté à la plume de bistre, lavé à l'encre de chine et en couleurs. Une pièce d'un faire aussi remarquable et d'une si grande beauté fait comprendre comment et pourquoi le mérite de J. Van Stry est réputé égal à celui des plus grands peintres d'animaux qui aient existés.

En largeur 0,400 sur 0,284.

273. Stry (J. V.). Les trois âges. A gauche l'aïeule dort dans son fauteuil près du foyer; à droite la jeune mère préside au déjeuner de ses deux enfants, fille et garçon. Cet intérieur dans tous ses détails est fait avec beaucoup de soins, de force et de vérité : Les contours sont tracés au pinceau avec un rouge brun, soutenu de bistre et éclairé en ménageant le blanc du papier. Nous pensons que ce dessin a pu être fait d'après quelque tableau remarquable. La signature de Jacques Van Stry, se trouve au verso.

En largeur 0,515 sur 0,364.

274. Sustermans (LAMBERT, dit *Lambert Lambard*). Le portement de la croix. Composition très capitale représentant la sortie de Jérusalem, la gravure jointe au dessin indique que le maître a considérablement modifié ses premières idées pour cette œuvre importante. Comme peintre dessinateur et graveur, Lambert Lombard a joui et doit jouir encore d'une juste estime ; il avait du génie, il composait avec facilité et dessinait très bien. On ne peut lui reprocher qu'un peu de sécheresse, défaut de son époque, il outrait aussi parfois les expressions, mais Léonard de Vinci lui-même peut-il échapper à ce reproche? De la collection du comte Gelozzo.

En largeur 0,425 sur 0,276.

275. Swaneveld (HERMAN). Paysage. A droite près d'un arbre rompu vers le milieu, on voit deux hommes dont l'un conduit deux chiens; à gauche, il y a de grands arbres, quelques cavaliers viennent de ce côté. A droite on remarque un château sur une élévation, etc. Très jolie composition faite aux crayons de diverses couleurs.

En largeur 0,378 sur 0,280.

276. Swaneveld (HERMAN). Paysage. On voit à droite trois arbres au bord de l'eau, un pêcheur à la ligne sur une légère élévation et plus vers la gauche un groupe de nombreuses figures dont un homme à cheval. Au second plan non loin d'un pont, on voit un autre pêcheur à la ligne et un homme assis à ses côtés ; plus loin des arbres et une haute montagne dans le lointain. A la plume, à la pierre noire et lavé d'encre de chine.

En largeur 0,252 sur 0,179.

52

277. **Swaneveld** (H.). Deux très jolis paysages du meilleur faire du maître dans le style de Claude Lorrain; ils représentent l'un et l'autre des sites avec d'Italie, figures et animaux et forment pendant. A la plume et lavés au bistre.

En hauteur 0,200 sur 0,260 et 0,210 sur 0,265.

278. **Swebach** (J.). Une bataille. Au premier plan deux hommes et un cheval abattus : là commence tout le feu de l'action. On y distingue notamment un cavalier Ottoman, lâchant un coup de pistolet sur un cavalier Français. Ce dessin est fait très énergiquement à la plume et lavé d'encre de chine.

En largeur 0,236 sur 0,178.

279. **Tempesta** (ANTOINE). Combat de cavalerie. A gauche un guerrier arrive au grand galop de son cheval, un porte-drapeau se trouve près de lui. L'action principale se passe à droite sur un petit cours d'eau. Au centre du premier plan l'on voit les deux jambes d'un guerrier dont le corps se trouve dans l'eau. Tempesta n'a pas fait de dessin plus beau, plus savant ni plus énergique que celui-ci. Sur papier bistré, arrêté à la plume et relevé d'or.

En largeur 0,504 sur 0,350.

280. **Teniers** (DAVID, LE JEUNE). Quatre figures en pied, deux se dirigent de droite à gauche; les deux autres se retirent du côté opposé avec le geste et l'expression de l'effroi. Fait vivement à la mine de plomb.

En largeur 0,280 sur 0,172.

281. **Teniers** (DAVID, LE JEUNE). Kermesse flamande. A droite des villageois qui dansent, boivent et causent; à gauche trois hommes s'efforcent de relever un ivrogne pour le mettre sur un chariot qui se trouve derrière eux; spectateurs, musiciens, etc. Très spirituellement traité à la plume.

En largeur 0,256 sur 0,173.

282. **Terburg** (GÉRARD). Etude. Une femme de distinction la main droite posée sur le dos d'un siège, elle tient un éventail dans la main gauche. La figure est debout, vue presque de profil et regardant à gauche. Très joli dessin à la pierre noire.

En hauteur 0,305 sur 0,203.

283. **Terburg** (GÉRARD). Etude. Jeune homme assis tenant dans

x·y' 8 o

la main droite un verre de forme allongée, sa tête est vue de profil, et il a le dos tourné vers le spectateur. Ce dessin d'un faire aussi simple que savant, est une étude pour un des tableaux du maître. A la pierre noire, rehaussé de blanc sur papier gris.

En hauteur 0,228 sur 0,175.

284. Terwesten. (Augustin). Buste de jeune fille de grandeur naturelle. Vue de face, la tête est légèrement tournée et inclinée vers la gauche où elle porte un regard très attentif. Ce gracieux dessin est fait aux crayons de couleurs et au pastel sur papier gris. Il faisait partie de la vente Norblin, N° 33 du catalogue.

En hauteur 0,392 sur 0,362.

285. Tiepolo (J.). Sujet gracieux. Vénus et Adonis. Arrêté à la plume et lavé de bistre.

En hauteur 0,400 sur 0,384.

286. Tisio (Benvenuto, dit le *Garofalo*). La Vierge et l'enfant. La madone est vue de face, l'enfant sur les genoux de la mère lève la main droite en signe de bénédiction, il pose la gauche sur le globe. Très gracieux dessin à la pierre noire, lavé d'encre de chine et relevé de blanc sur papier gris.

En hauteur 0,223 sur 0,178.

287. Troost (Corneille, surnommé le *Watteau Hollandais*). Etude, Effet de lumière. Une jeune et jolie femme, a un bougeoir dans la main gauche, et elle tient la main droite devant la lumière. Dessin très gracieux et fait avec soin pour un tableau gravé en manière noire par Delfos. L'estampe est jointe au dessin. Fait à la pierre noire relevé de blanc sur papier bleu.

En hauteur 0,335 sur 0,258.

288. Troost (Corneille). Composition historique. Le dictateur Furius Camillus renvoie les enfants des Falisques et fait fouetter leur maître. Très joli dessin d'une trentaine de figures, arrêté à la pierre noire et lavé en couleurs, à droite la signature du maître.

En largeur 0,415 sur 0,253.

289. Uden (L. Van). Paysage. On voit à gauche une ferme et un moulin à eau, à droite un chemin qui conduit vers une église. Le lointain est montagneux. Cette composition est une image bien fidèle et naïve de la campagne aux environs de Bruxelles. Fait à la plume et colorié.

En largeur 0,422 sur 0,231.

290. **Udine** (Jean d'). Très joli dessin de forme ovale probablement pour la ciselure d'un plat. Le médaillon du centre représente le jugement de Paris et dans le cercle qui l'entoure, on voit représentées toutes les divinités du paganisme. Très savamment fait à la plume et au bistre.

En hauteur 0,245 sur 0,196.

291. **Elift** (J. Van den). Vue des environs de Rome. Un monument ancien se trouve à droite, et près delà on voit quelques moutons, un pâtre et son chien. Vers la gauche un pauvre demande l'aumône à un homme à cheval. Très joli dessin arrêté fermement à la plume et lavé de bistre.

En largeur 0,270 sur 0,155.

292. **Vadder** (Louis de). Paysage. A droite, au centre et à gauche on voit de beaux arbres de différentes essences, une percée laisse entrevoir un clocher et des bâtiments. Ce paysage est du plus beau style et d'un faire vraiment grandiose. Lavé à la sæpia sur papier gris.

En largeur 0,362 sur 0,294.

293. **Vannucci** (Pietro, dit le *Perugin*). Le Christ les deux mains croisées sur la poitrine. Cette pièce importante du maître de Raphaël, est empreinte au suprême degré, de ce caractère naïf, de cette expression si douce et si naturelle qu'on remarque dans les productions des peintres des premières époques. Grandeur petite nature à la pierre d'Italie.

En hauteur 0,425 sur 0,277.

294. **Vannucci** (Pietro, dit le *Perugin*). Un guerrier couvert d'une riche armure et à cheval ; il tourne légèrement la tête vers la gauche et le coursier est tourné un peu vers la droite. Pièce admirable et rare, on y voit cette source precieuse où l'immortel Raphaël a puisé ce dessin, ces poses, ces formes, ces expressions, si vraies, si gracieuses, si élégantes et si distinguées qu'on admirera éternellement dans ses œuvres. Arrêté à la plume, lavé de bistre et relevé de blanc.

En hauteur 0,325 sur 0,153.

295. **Vecello Titiano** (Le Titien). Etude. Figure d'homme marchant, le geste semble indiquer que c'est un Joseph abandonnant son manteau aux mains de Putiphar. Très largement et savamment fait à la plume.

En hauteur 0,282 sur 140.

296. **Vecello** (Titiano le Titien). La Vierge et l'enfant sur les nues au milieu d'une gloire d'anges. Dessin très caractéristique et savamment traité à la plume.

En largeur 0,192 sur 0,155.

297. **Velasquez da Silva.** Un cavalier en costume Espagnol sur un cheval pie andalou, vus par derrière, l'homme se retourne et regarde le spectateur. Le maître a recherché ici une de ses poses ingrates de raccourci, qui jointe à la couleur si tranchante du cheval, semble défier les ressources de la peinture et cependant il triomphe de tout cela ; la vérité dans l'exécution égale la hardiesse de la pensée. Ce rare et superbe dessin est fait à l'encre de chine.

En hauteur 0,281 sur 0,157.

Nous possédions un second dessin du même maître représentant également un cavalier vu par derrière, il est au galop et fait faire à son cheval un changement de pied : Il faut connaître les chevaux et l'équitation pour apprécier la difficulté et la justesse de ces poses. Ce dessin se trouve aujourd'hui dans la collection de notre ami M. J. Boilly

298. **Velde** (G. Vande). Combat naval. L'action principale a lieu à droite entre trois navires qui se serrent de près ; des débris flottent sur l'eau, une barque, remplie de monde, s'éloigne de l'action, et dans le lointain à gauche l'action se continue entre plusieurs navires. A la plume et lavé d'encre de chine. du plus beau faire du maître.

En hauteur 0,267 sur 0,168.

299. **Velde** (G. Vande). Un calme. Plusieurs navires sous voiles A la plume et lavé d'encre de chine.

En largeur 0,300 sur 0,98.

300. **Velde** (G. van de). Un calme. Différents navires, dont deux vaisseaux de guerre qui se trouvent au second plan à droite et plusieurs autres dans le lointain. Très légèrement lavé à l'encre de chine.

En largeur 0,393 sur 0,230.

301. **Velde** (G. van de). Marine. Temps orageux. Mer houleuse. A chacun du premier, second et troisième plans, on voit un navire sous voiles. Cette composition est d'un grand caractère de vérité, le ciel est sombre, et les effets de lumière sont bien répandus. Fait à la plume de bistre et lavé d'encre de chine. A droite, W. V-V. F.

En largeur 0,365 sur 0,242.

302. **Velde** (ADRIEN VAN DE). Paysage montagneux. Au premier plan et au centre un pâtre conduit trois vaches, à droite il y a quelques touffes d'arbres grands et petits, dont l'ombre se réflète dans l'eau. A gauche sur une élévation on voit trois grands arbres. Le lointain est à plusieurs plans et accidenté, on y voit encore cinq petites figures. Nous ne nous étendrons pas sur la beauté, le mérite et la belle conservation de cette pièce, le nom du maître, la rareté et la beauté de ses dessins parlent assez haut. Arrêté à la plume et lavé d'encre de chine.

En largeur 0,315 sur 0,198.

303. **Velde** (ADRIEN VAN DE). Paysage et animaux. A gauche au pied d'un rocher surmonté d'un tronc d'arbre, un bélier et deux moutons ; derrière eux se trouve un cheval au repos et plus loin une chèvre. Un pâtre appuyé sur un bâton joue avec son chien. A droite et au fond des rochers. Très vivement arrêté à la plume et lavé d'encre de chine, comme le précédent.

En largeur 0,173 sur 0,151.

304. **Velde** (ADRIEN VAN DE). Hiver. Au premier plan on voit de nombreux patineurs. A gauche un bâtiment de ferme hollandaise avec beaucoup d'arbres, et à droite un pont. Très spirituellement et soigneusement dessiné à la pierre noire sur parchemin; à gauche la signature du maître.

En largeur 0,273 sur 0,205.

305. **Velde** (ADRIEN VAN DE). Jeune fille assise, vue de face, elle tourne légèrement la tête à gauche dans l'attitude d'une personne qui écoute. Le coude et le bras gauche posent sur une draperie qui semble devoir dérober quelque chose à des regards indiscrets, mais la pointe d'un pied qui dépasse, va trahir le secret. Très spirituellement traité à la pierre noire relevé de blanc sur papier gris.

En hauteur 0,423 sur 0.292.

306. **Verboom** (ABRH.). Paysage. Intérieur d'une forêt, à la plume, lavé d'encre de chine et de sépia, sur papier gris. De la Collection de J. Goll de Frankestein.

En largeur 0,418 sur 0,388.

307. **Vernet** (J.). Marine. A droite l'entrée d'un port de mer, un navire à pleines voiles arrive et se dirige de ce côté. Au premier plan sur la jetée on voit un pêcheur, plusieurs femmes et un enfant. Très artistement lavé à l'encre de chine.

En largeur 0,374 sur 0,266.

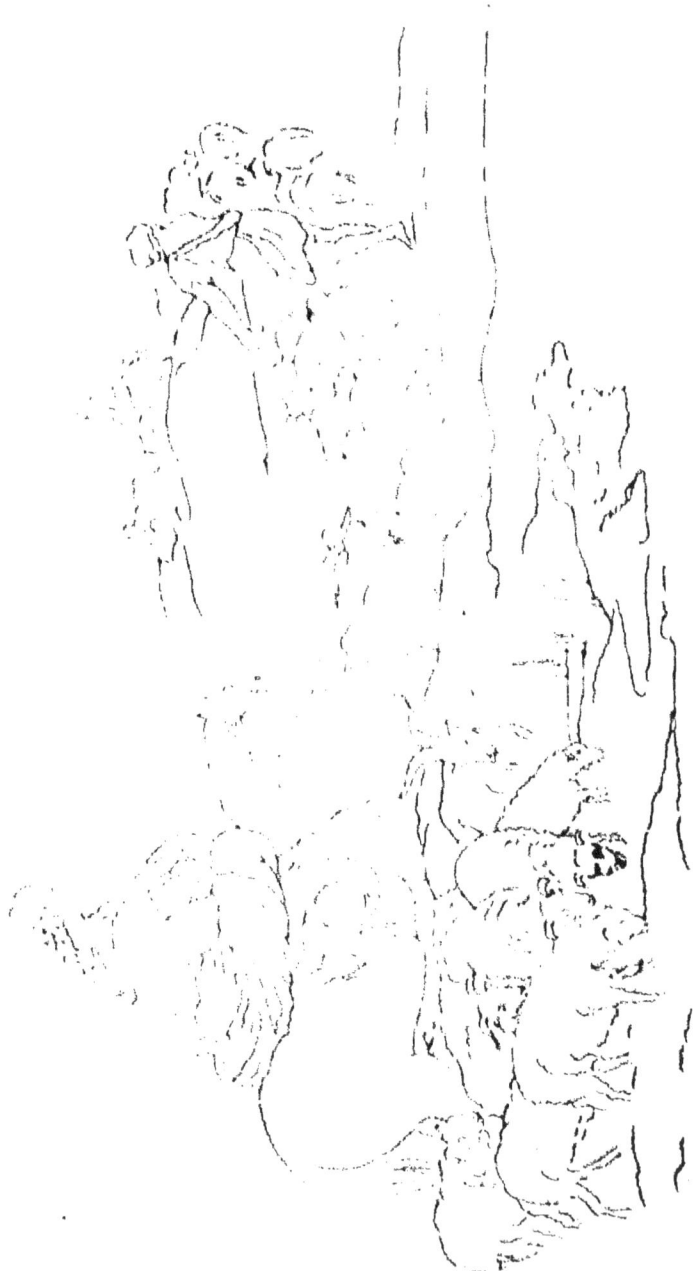

n.º 213   Le retour à la ferme, selon de Paul Potter

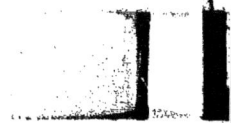

La Vetrine à la ferme, tableau de Paul Potter, ... de la Galerie de Bruxelles. N.º 213.

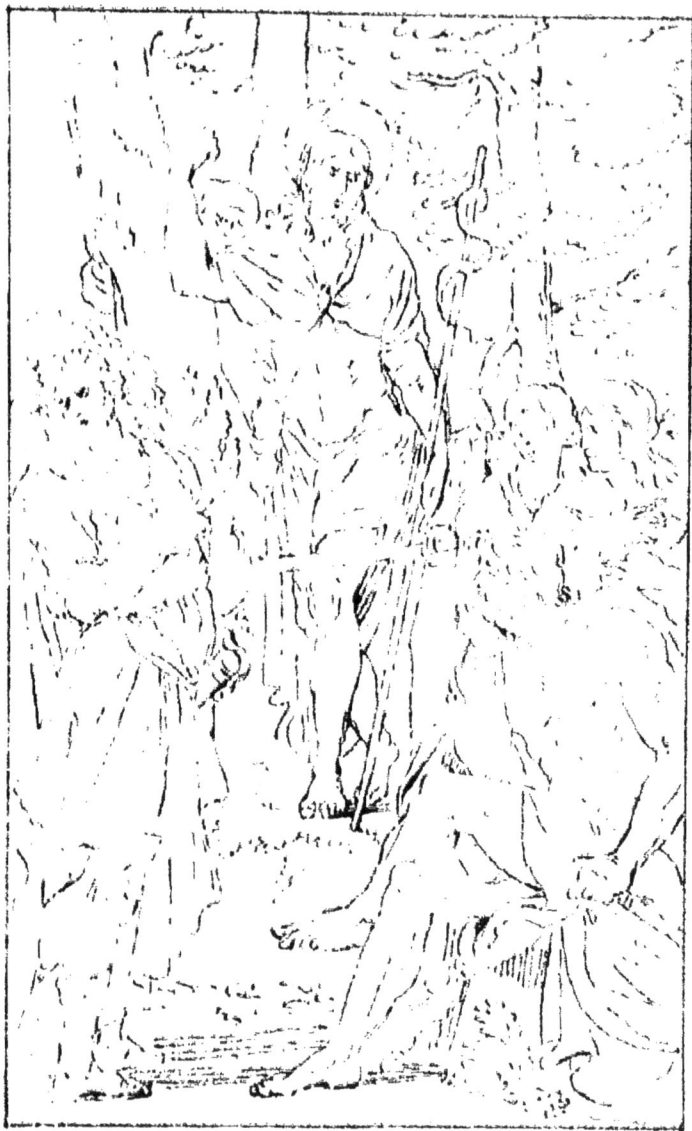

No. 218. Nicolas Poussin.

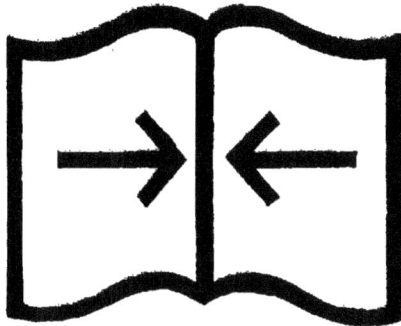

La leçon d'anatomie d'après Rembrandt avec noms des huit personnages

1. D.r Tulp
2. J. Block
3. H. Hartman
4. A. Slabbran

n.º 294

5. J. de Wit
6. Fr. Falkoen
7. A. Roeireld
8. A. van Loon

N.º 294

nº 297 Cavalier de Velasquez

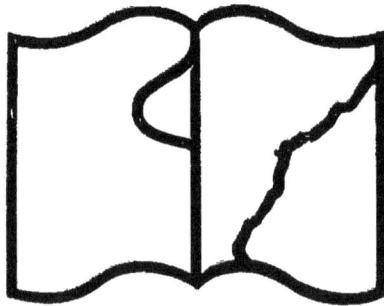

Nº 308   Dessin de Leonard da Vinci.

Marques de Collections

Symbole	Nom
N	... Evêque ...
ARD	Marcus ... ...
★	La Comte Astley
[illegible]	Bergeret de Frouville
B	Benjamin West
A	Baret
C	... ...
C	...
M	Marque ... ...
C	Cunningham
C	Richard Cosway
C	... ...
★	Charles ... ...
★	...
CE	Earl of ...
CRM	Charlotte
CC	Comte de Caylus ?

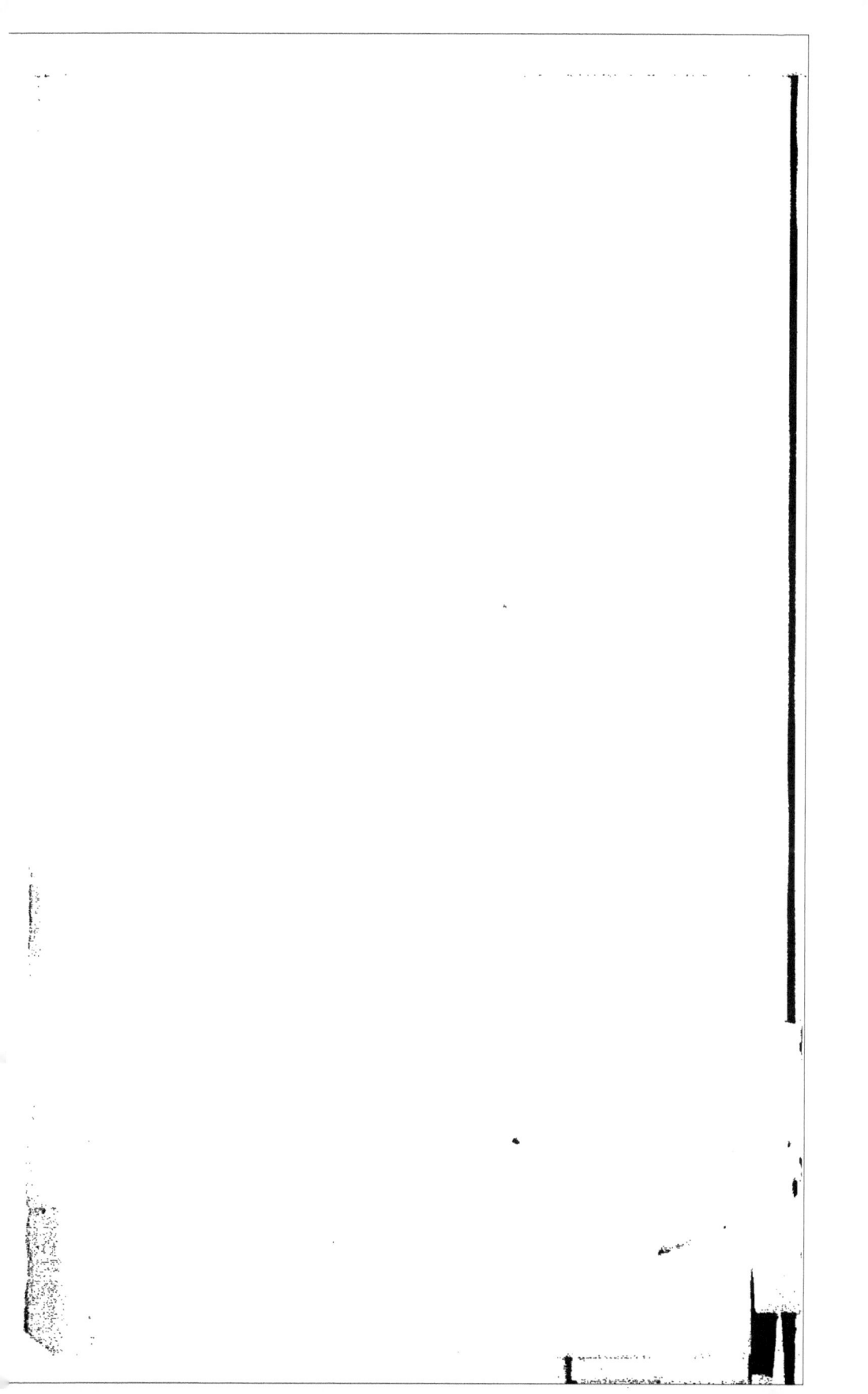

- (symbol) Ve Damery . . . .
- (symbol) Baron Denon .
- (symbol) Duc de Devonshire
- (symbol) . . . Capitaine . . . . . .
- (symbol) Thomas Howard . . . Arundel
- (symbol) Robert P. Allen
- (symbol) . . . Constantin d'. . .
- (symbol) Thomas Dimsdale
- (symbol) . . . . Short
- (symbol) . . Allardon
- (symbol) . . . . . . de Netherland .
- (symbol) Marquis de . . . . . .
- (symbol) Comte de Fries
- (symbol) Benjamin . . . .
- (symbol) . . . Pelosse
- GR . . . Reynst
- (symbol) ?
- (symbol) . . . . .
- (symbol) J. Hone
- (symbol) Jean Pierre . . . . . .
- (symbol) C. Jennings . . .

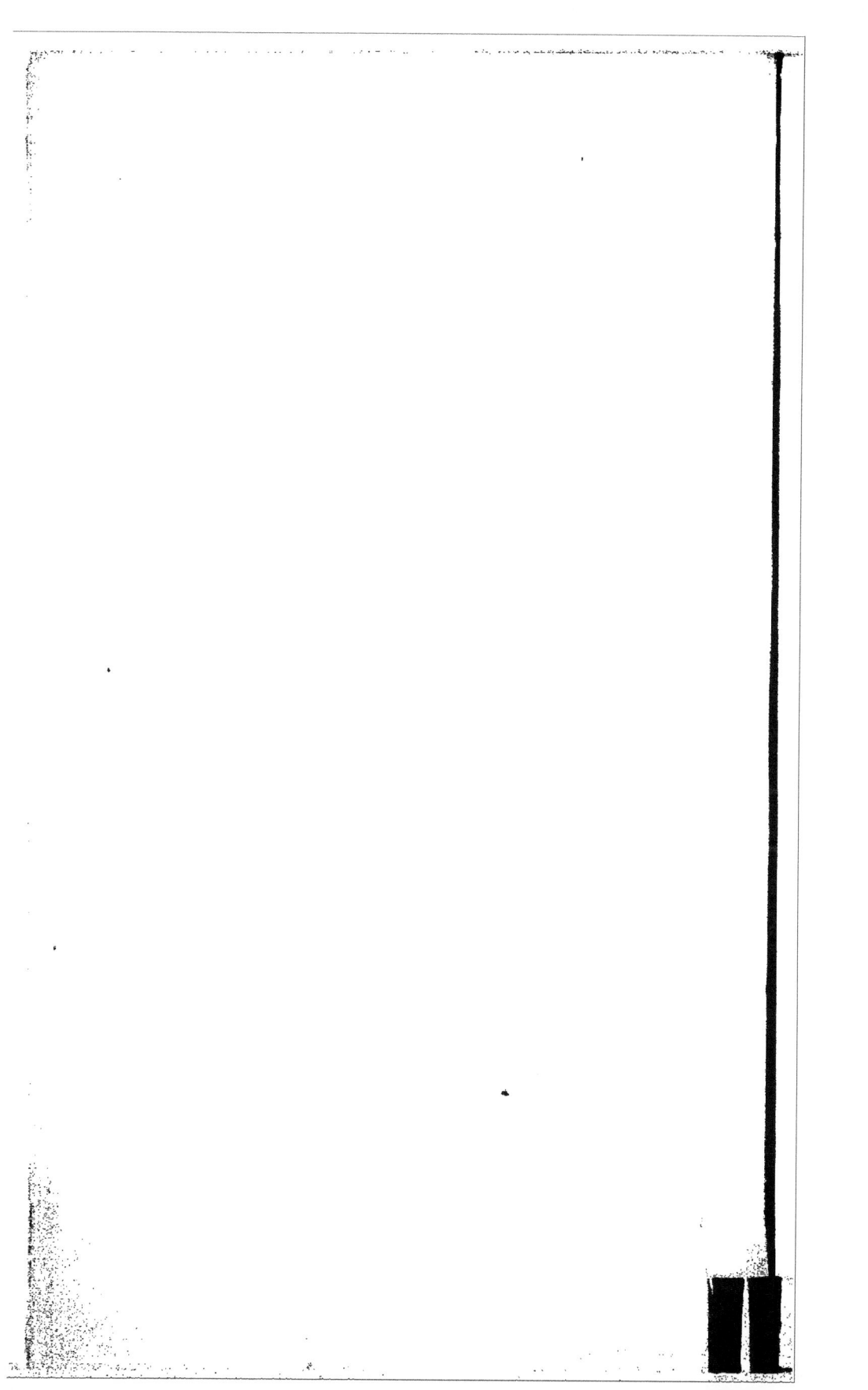

S	Lord Spencer
(J.D)	Jules Dufsan de Genève
NIMCK	John Moserman
JB	Jean Becomin
JSA	... St. Aubin
(J.H)	James Hazard
P	Pierre Visscher
Δ	Marquis de la Goy
(M)	Marcelle Séré
(M)	Marcelle
M	Martin Coulkins
	La Maison des Médicis
(MN)	Musée Napoléon
(ML)	Musée du Louvre
MR	Michel Rysbrack
NB	Comt. Nils Barck
NH	Nicolini Haym
P.	Pansch. Collecteur de dessins à Bruxelles
[PS]	Paul Sandy
[seal]	Ploos Van Amstel. Timbre Sec sur le Dos des dessins

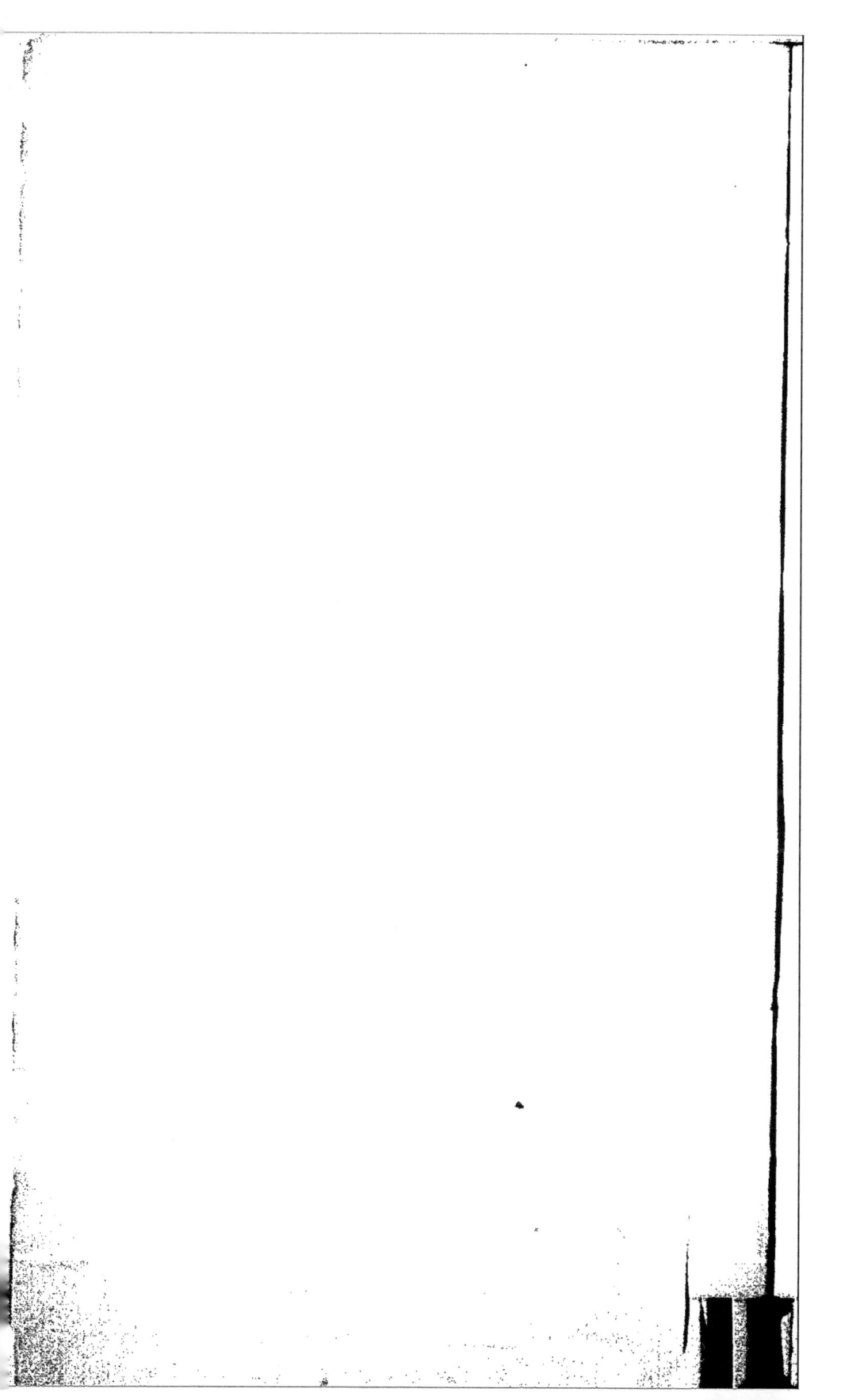

A.   Empereur   P S *illegible*

P. I. *illegible* Joly.

illegible *illegible* Pend.

P H. *illegible* C. Sandring.

R. H   Richard *illegible*

R.   Richardson *illegible*

R *illegible* (R) Richardson fils

R D   Robert *illegible*

R M   Robert Money.

S

R F   République française

R W   *illegible*

R *illegible* S H S   *illegible*

(R) *illegible*

illegible Sancerre

S G   S P   S G R   ? ?

S A s   *illegible*

T H T H   Thomas Hudson

T L   Thomas Lawrence

✳   Jean Cahlman

T H   Thomas *illegible*

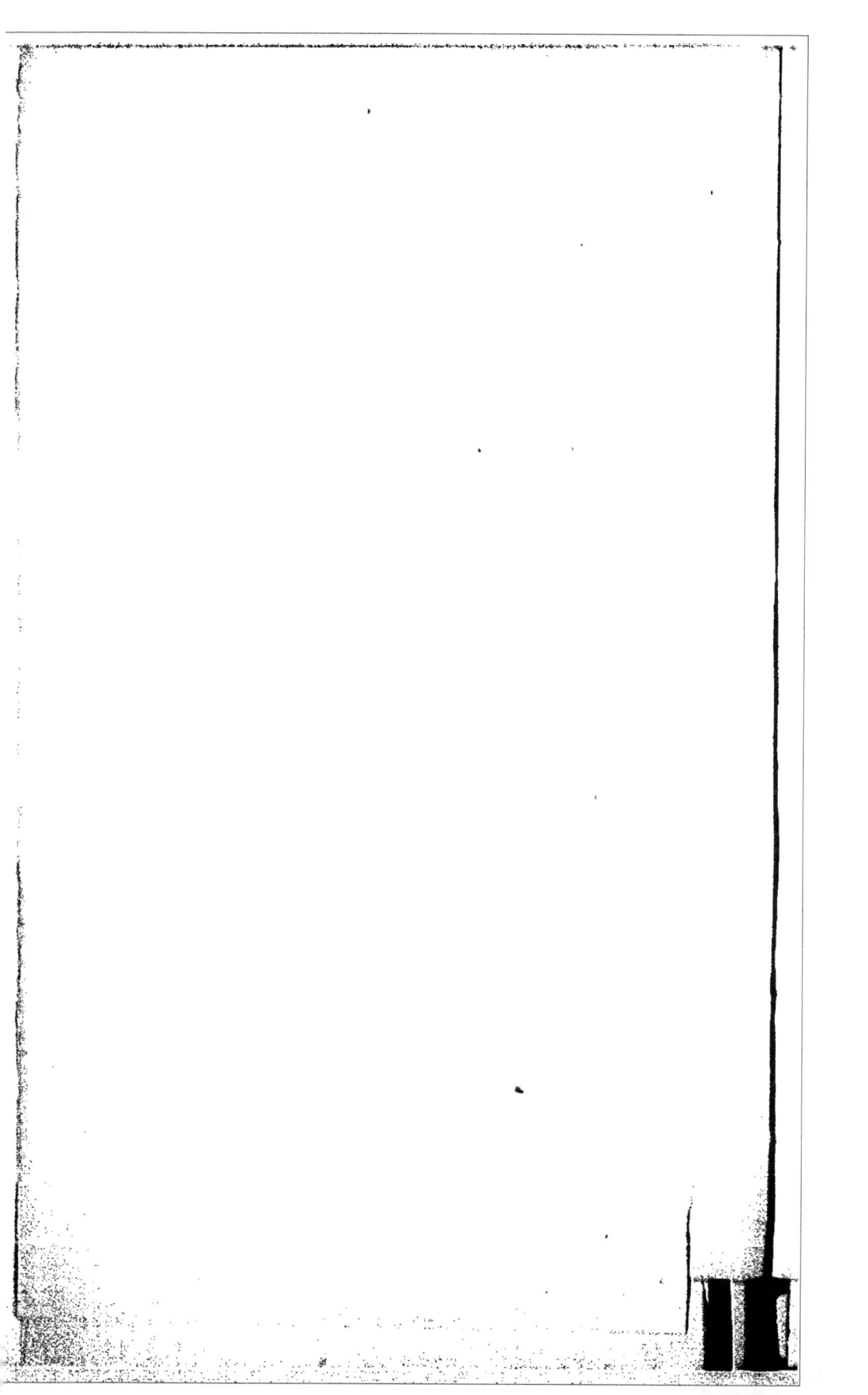

V H   Van Haaken

W,B   William Baillie

W   William Esdaile

x   Clive

w y o   William Young Ottley

(image)   P Vallarde de Milian

(image)   Imperiale bibl. del Milanese

(image)   COLLA NEGERLATT

n.º 2.

...sin. du Corrège, Étude pour une figure d'apôtre

N.° 2.

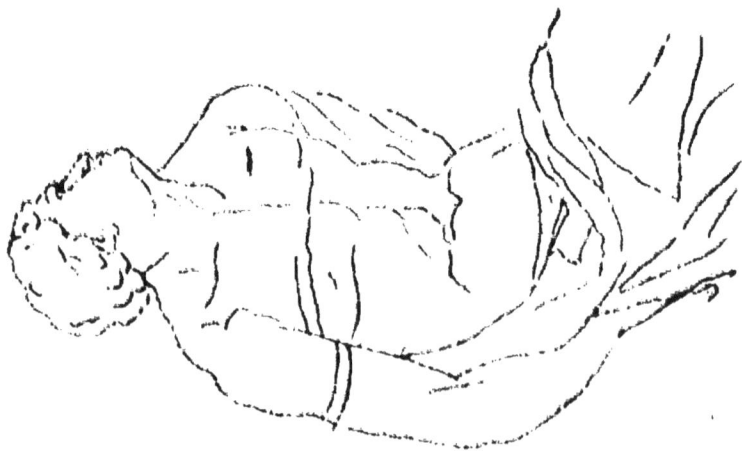

Etudes de Michel Ange pour la Statue Le Prisonnier.

n.° 56.

nº 56

Le Prisonnier, Statue de Michel, au Louvre.

No 179   Dessin de Gabriel Metsu

620

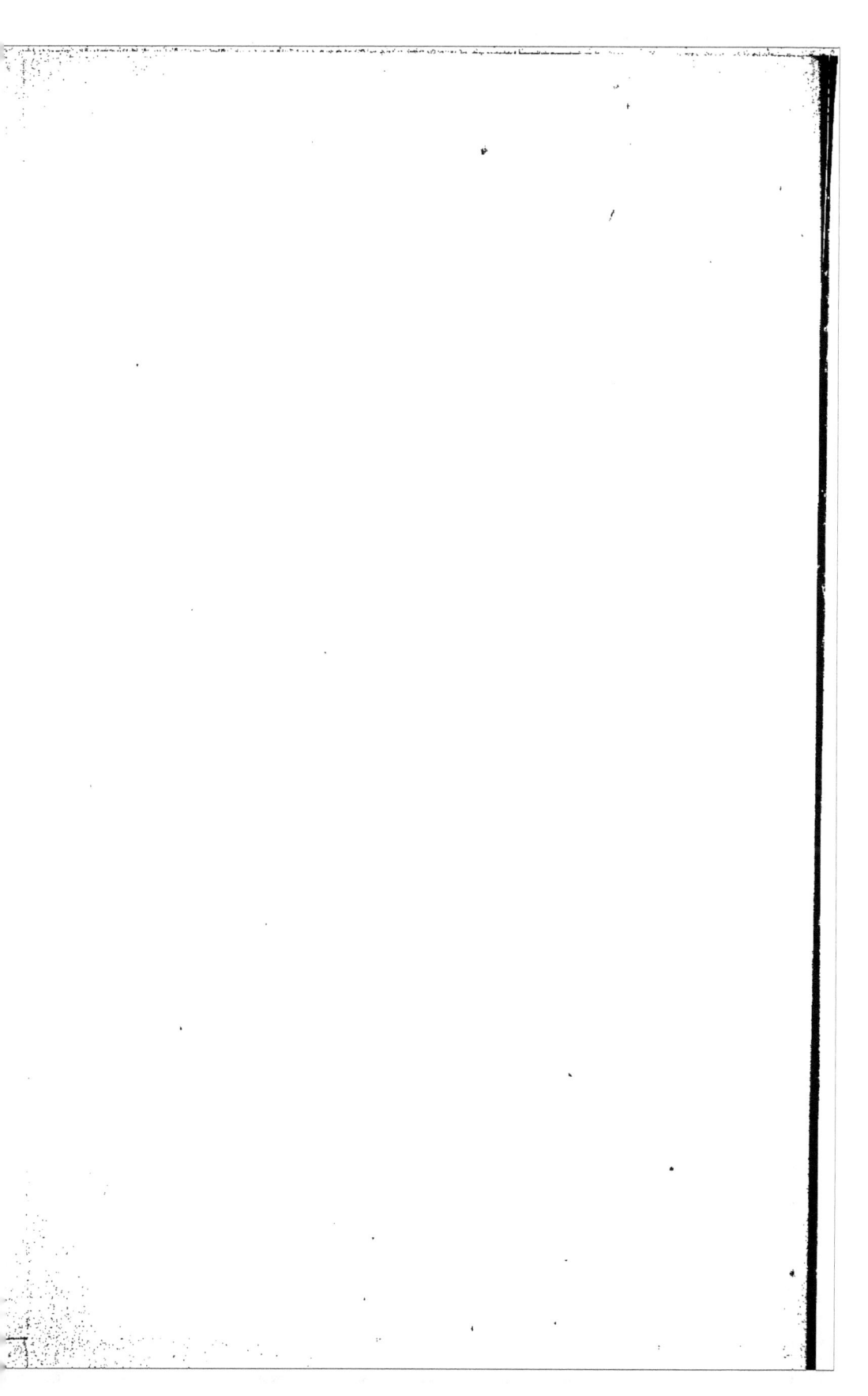

57

308. **Vinci** (LÉONARD DA). L'anneau nuptial. A gauche l'on voit l'homme qui de sa main droite, passe l'anneau au doigt de la femme. Ce dessin, fait de la main gauche, est remarquable de caractère et d'expression dans le genre caricature. A la plume.

En hauteur 0,168 sur 0,13.

309. **Vinci** (LÉONARD DA). Etude d'un bel aspect, pour une figure de femme en pied. Largement tracée à la pierre d'Italie. A gauche en haut le paraphe qu'on voit sur bon nombre de dessins très anciens et que quelques personnes attribuent à Crozat, mais à tort, cette marque est plus ancienne. A droite. (Leonard da Vinci).

En hauteur 0,418 sur 0,485.

310. **Vinci** (LÉONARD DA). Douze têtes de caricatures de diverses expressions. Dix de ces têtes se trouvent placées faisant face l'une à l'autre. Rare et curieux dessin, fait à la plume et soutenu d'un léger lavis de bistre.

En hauteur 0,203 sur 0,147.

311. **Visscher** (CORNEILLE DE). Portrait d'homme avec les deux mains. Il est assis, vu de trois quarts, tourné vers la droite, il regarde le spectateur; le manteau qui le couvre laisse à découvert un riche habit de velours à gros boutons. On lit sur une colonne à droite : C. de Visscher ft. Cet admirable portrait est à la pierre noire sur vélin.

En hauteur 0,207 sur 0,227.

312. **Visscher** (C. DE). Portrait d'homme avec les deux mains, vu presque de face, la tête couverte d'une calotte et le regard fixé sur le spectateur. Ce beau dessin est arrêté à la pierre d'Italie et lavé d'encre de chine sur vélin jaunâtre. On lit à droite: C. Visscher fecit anno 1653.

En hauteur 0,293 sur 0,236.

313. **Visscher** (JEAN DE). Portrait d'homme, vu de trois quarts, tourné vers la droite, il regarde le spectateur, et les mains sortent du manteau retenu sous les bras. Très habilement fait aux crayons rouge et noir. On lit en haut à droite: Jan de Visscher fecit.

En hauteur 0, 255 sur 0,475

314. **Vite** (TIMOTHÉE DELLA). La Vierge assise présente le sein à l'enfant Jésus. Elle est vue de profil tournée vers la gauche, et l'enfant Jésus regarde le spectateur. Très gracieux dessin, entièrement

8

fait à la plume et dans la manière de Raphaël dont Timothée était l'élève de prédilection et l'ami intime.

En hauteur 0,264 sur 0,198.

315. **Vitringa** (GUILLAUME). Marine. A gauche l'extrémité de la plage, au centre un navire sur lequel on remarque un homme causant avec un autre homme qui se trouve sur une embarcation près de là. A gauche une bouée et plusieurs navires dans le lointain. Spirituellement fait en couleurs. En haut à gauche, W. Vitringa. 1669.

En largeur 0,269 sur 0.469.

100

316. **Vivant** (LOUIS). Histoire religieuse. Martyre de St-Cathérine. Très belle composition d'un style élevé et simple. Fait à la plume relevé de blanc sur papier bleu.

En largeur 0,285 sur 0,205.

100

317. **Vlieger** (SIMON DE). Marine. A droite sur la terre deux hommes sont à causer, l'un d'eux est debout appuié sur son bâton ; à gauche on voit plusieurs petites embarcations contre la rive, et plus loin une église sur une élévation. Très artistement fait à l'encre de chine.

En largeur 0,320 sur 0,246.

100

318. **Vois** (ARY DE). Jeune homme pinçant de la guitare, il est tourné vers la gauche et vu de trois quarts. Fait avec beaucoup de soins et de finesse à la pierre noire sur vélin. De la collection de J. Goll de Frankenstein

En hauteur 0,190 sur 0,150.

100

319. **Vries** (JEAN DE). Paysage orné à gauche d'une très belle architecture ; les arbres inclinés témoignent avec beausoup de vérité que le maître a voulu représenter un coup de vent. Fait très artistement à la plume et lavé d'encre de chine.

En largeur 0,396 sur 0,270.

100

320. **Wagner** (J. G.). Paysage. Au premier plan sur la droite se trouvent quatre figures au bord d'une rivière qui va se perdre dans le lointain au milieu de la composition. A gauche au premier plan et des deux côtés de l'eau, on voit des rochers couverts d'arbres et des ruines. Ce dessin, fait à l'encre de chine mêlé de sépia, relevé de blanc sur papier gris, produit un effet vraiment magique. Les dessins de ce maître sont très rares et recherchés.

En largeur 0,420 sur 0,272.

300

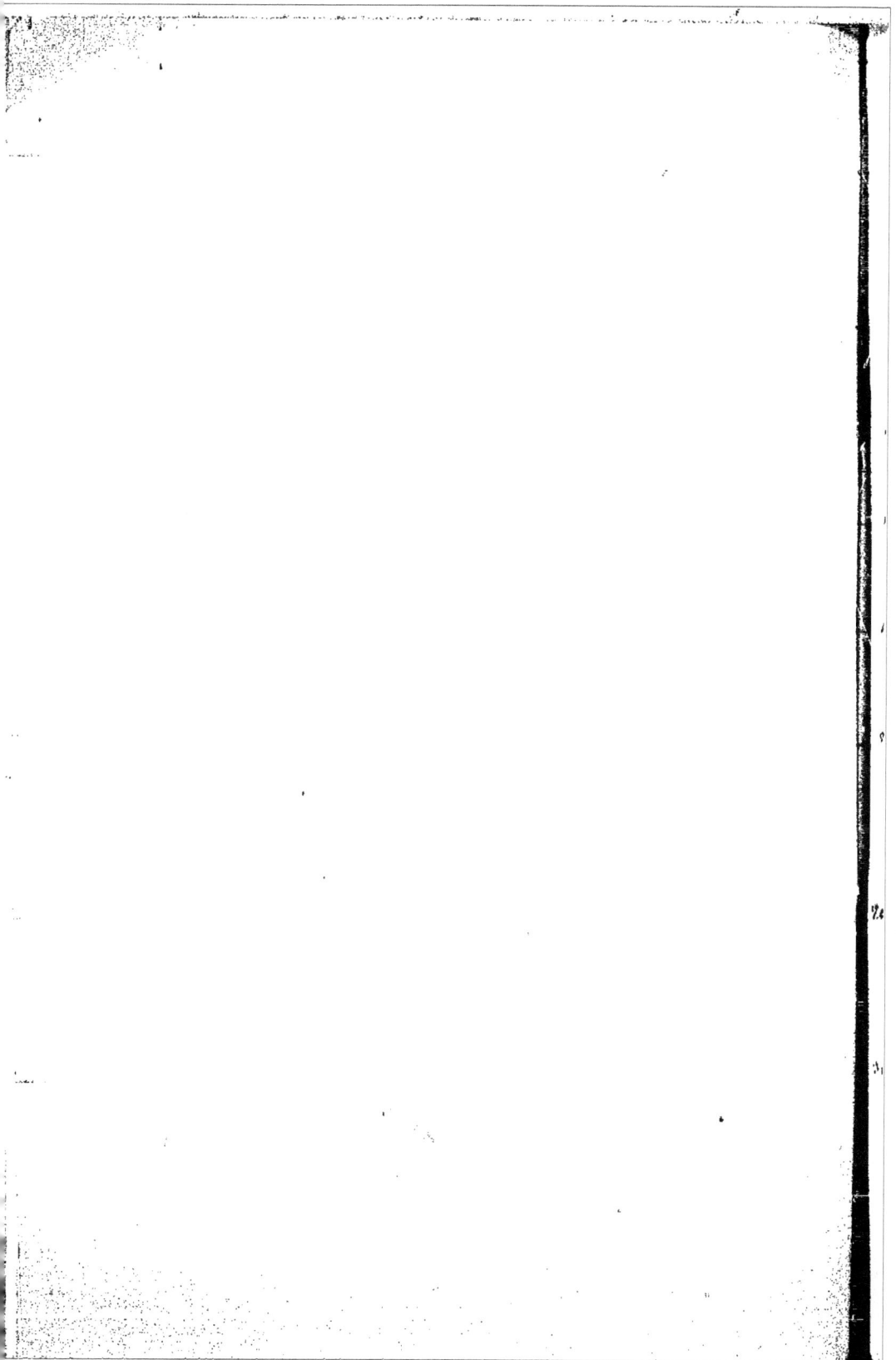

59

321. **Waterloo** (Antoine). Vue de la montagne de St-Pierre près de Maestricht (Pays-Bas). Cette belle et importante composition faisait partie autrefois de la collection Ploos Van Amstel, catalogue page 99, N° 15. Le dessin fut vendu au sieur Fokke pour la somme de 61 florins des Pays-Bas. A la pierre noire lavé d'encre de chine.

En largeur 0,477 sur 0,360.

322. **Watteau** (Ant.). Tête de jeune femme, coiffée d'une toque; elle regarde à droite et est vue de trois quarts. Aux crayons noire, rouge et blanc sur papier d'un gris jaune.

En hauteur 0,148 sur 0,93.

323. **Watteau** (Ant.). Etude de deux figures d'homme, vêtus d'un riche costume du temps. A la sanguine.

En largeur 0,183 sur 0,142.

324. **Watteau** (Ant.). Quatre figures; à droite un homme jouant de la mandoline, une femme assise et une autre debout, puis un homme le chapeau sur la tête et la main droite sur la hanche Fait à la sanguine.

En largeur 0,217 sur 0,160.

325. **Watteau** (Ant.). Une feuille contenant trois dessins. Etudes de figures d'hommes très spirituellement faites à la sanguine. Au verso quelques têtes de chats

En hauteur deux de 0,13 sur 0,12 et un de 0,158 sur 0,13.

326. **Wauwermans** (Philippe). Trois études de différentes figures connues dans les compositions du maître; à gauche une jeune femme la main droite levée dans l'attitude de présenter quelque chose à un cavalier. Au milieu une jeune femme qui verse à boire et à droite une jeune femme à cheval regardant derrière elle. A la pierre d'Italie, rehaussé de blanc sur papier bleu.

En largeur 0,196 sur 0,114.

327. **Wauwermans** (Ph.). Première pensée ou croquis très spirituel d'une des grandes compositions du maître, représentant le dépar pour la chasse au faucon. Nombreuse réunion de cavaliers, de dames domestiques et chevaux à l'entrée d'un château qui se trouve à gauche A la plume.

En largeur 0,233 sur 0,189.

328. **Wauwermans** (Ph.). A la porte d'une forge, un maréchal es

occupé à ferrer un cheval dont un homme relève la jambe remontoire. A gauche une fenêtre ouverte laisse apercevoir à l'intérieur un ouvrier travaillant au marteau. Fermement arrêté à la plume de bistre sur un trait de sanguine.

En hauteur 0,356 sur 0,262.

329. **Weirotter** (F. E.). Paysage Vue prise sur les bords du Rhin. On voit au premier plan trois hommes et un chien, le fleuve serpente vers le milieu et sur la rive droite il y a plusieurs figures. Très artistement fait à la plume et lavé au bistre.

En largeur 0,366 sur 0,226.

330. **Werff** (Adrien van der). Sujet historique Tarquin poignardant Lucrèce, on voit à droite Lucrèce couchée, Tarquin s'élance vers elle le poignard à la main, un serviteur placé à gauche avec un flambeau à éclaire cette scène. Très joli dessin fait avec beaucoup de soin à la pierre noire et à l'estompe, relevé de blanc sur papier brun. De forme ovale.

En hauteur, les coins non coupés 0,383 sur 0,278.

331. **Wit** (Jacques de). Tête de chérubin de grandeur naturelle, tournée vers la gauche et vue un peu plus que de profil. Dessin très gracieux, expression charmante, coloris suave. Rien ne manque à cette intéressante production d'un maître dont les œuvres sont justement recherchées. Aux crayons de plusieurs couleurs.

En hauteur 0,290 sur 0,220.

332. **Wyck** (Th.). Paysage On voit à droite une magnifique ruine sur une élévation, un homme est assis au pied du mur, son chien est près de lui; à gauche une rivière. Arrêté à la pierre noire et lavé d'encre de chine.

En largeur 0,460 sur 0,300.

333. **Xavery** (Jacques). Près d'une table, sur laquelle il y a papier, plume, encre et quelques pièces d'or et d'argent, quatre hommes se disputent avec véhémence. Derrière eux on voit deux femmes et un jeune homme A droite une jeune femme donne le sein à un enfant et dans le lointain il y a un bâtiment et des figures Ce dessin, très bien colorié, a ce caractère particulier qui distingue les productions de J. Xavery. A droite la signature. Jacob Xavery, 1768

En largeur 0,462 sur 0,308.

334. **Xavery** (François) Paysage. A gauche un petit navire ayant à

bord six personnes et beaucoup de marchandises et près de là sur la plage quelques ballots déchargés et gardés par plusieurs personnes. A droite la campagne, de beaux arbres et un lointain montagneux. Très joli dessin arrêté à la plume et lavé d'encre de chine. Vers la gauche se trouve la signature du maître.

En largeur 0,394 sur 0,277.

335. **Zaïs** (JOSEPH). Paysage. A droite sur une élévation on voit une maison de campagne, près de là deux vaches et une vieille femme qui vient de puiser de l'eau. Au premier plan il y a deux jeunes filles assises, un pâtre et un pêcheur à la ligne. Très joli composition spirituellement arrêtée à la plume et lavée d'encre de chine.

En largeur 0,357 sur 0,237.

336. **Zampieri** (DOMINIQUE, dit le *Dominiquin)*. Une tombe. Très belle composition d'un style noble et élevée. c'est une allégorie sur la vie, la mort et l'éternité. Exécution parfaite à la pierre noire, relevée de blanc sur papier gris.

En hauteur 0,400 sur 0,263.

337. **Zampieri** (DOMINIQUE, dit le *Dominiquin*). Etude. Très belle tête vue un peu plus que de profil, elle est tournée vers la gauche, regardant le ciel. Fait avec beaucoup de soin à la sanguine. Elle provient de la vente Norblin.

En hauteur 0,282 sur 0,219.

338. **Zeeman** (RENIER). Marine. A droite on voit l'extrémité des côtes avec quelques petites figures et une embarcation dans laquelle il y a des travailleurs ; à gauche un grand navire se trouve sous voiles, et plus loin on remarque un navire de guerre et de grands rochers. Pièce sur parchemin arrêtée à la plume et légèrement coloriée.

En hauteur 0,278 sur 0,180.

339. **Zuccarelli** (FR). Paysage. Au milieu on voit un joli groupe d'arbres, à gauche de belles ruines. trois colonnes surmontées d'un fronton en partie détruit, et pour lointain une campagne accidentée. Très brillant dessin du plus beau faire du maître, lavé d'encre de chine, et de bistre, et relevé de blanc.

En largeur 0,384 sur 0,258.

340. **Zuccaro** (FR.) Attribué. L'intérieur d'une église, vue du côté du maître-autel, où il y a un tableau représentant St-François recevant les

stigmates. Plusieurs personnes y sont en prières, très finement dessiné
à la plume et lavé de bistre.

En hauteur 0,271 sur 0,244.

341. Trois petits dessins sur une feuille : *100*
1° Un Apollon, à la plume par Timothée Della Vita.
2° Une figure d'homme assis; à la sanguine par Watteau.
3° Etude pour une figure de Vierge tenant un livre; à la sanguine par le
Parmesan.

342. Trois petits dessins sur une feuille : *100*
1° La renommée assise avec un petit génie qui accorde une mandoline; à
la plume et lavé par Labelle. Titre de livre.
2° Deux petites figures de femmes, à la sanguine par Watteau.
3° Une idem, idem

343. Trois petits dessins sur une feuille : *100*
1° Une tête d'apôtre, à la plume par le Parmesan.
2° Une tête d'enfant à la sanguine, par Duquesnoy dit François Flamand.
3° Une tête d'homme qui baille; à la plume par Annibal Carrache.

344. Trois petits dessins sur une feuille : *100*
1° Un groupe de six figures, à la plume et à l'encre de chine, par Pujet.
2° Un ange portant un calice, à la plume et au bistre, par Fra Bartholomeo.
3° Le Christ portant sa croix, à la plume et au bistre, par le Parmesan.

345. Trois petits dessins sur une feuille : *100*
1° Une figure joviale en couleurs, par C. Bega.
2° Trois figures à la plume et au bistro par Ad. Ostade.
3° Un petit bonhomme assis, à la sanguine par Rembrandt.

```
              5o
Albin  8  · 3o
      12    9o


      2.    10.
   6 . 14  8D
   7.30
   4


  ...  C.   11
  ... C    10 50
  ... C.   10 50
  ... C.   10      Vig
  ... C    21
  ... C.   9o
  ... C    19
  ... C.   14
  ... M    18
  ... M.   19
  ... M.   18
  ... M.   15
  C. 381   21
5 Cosset C.   6.
```

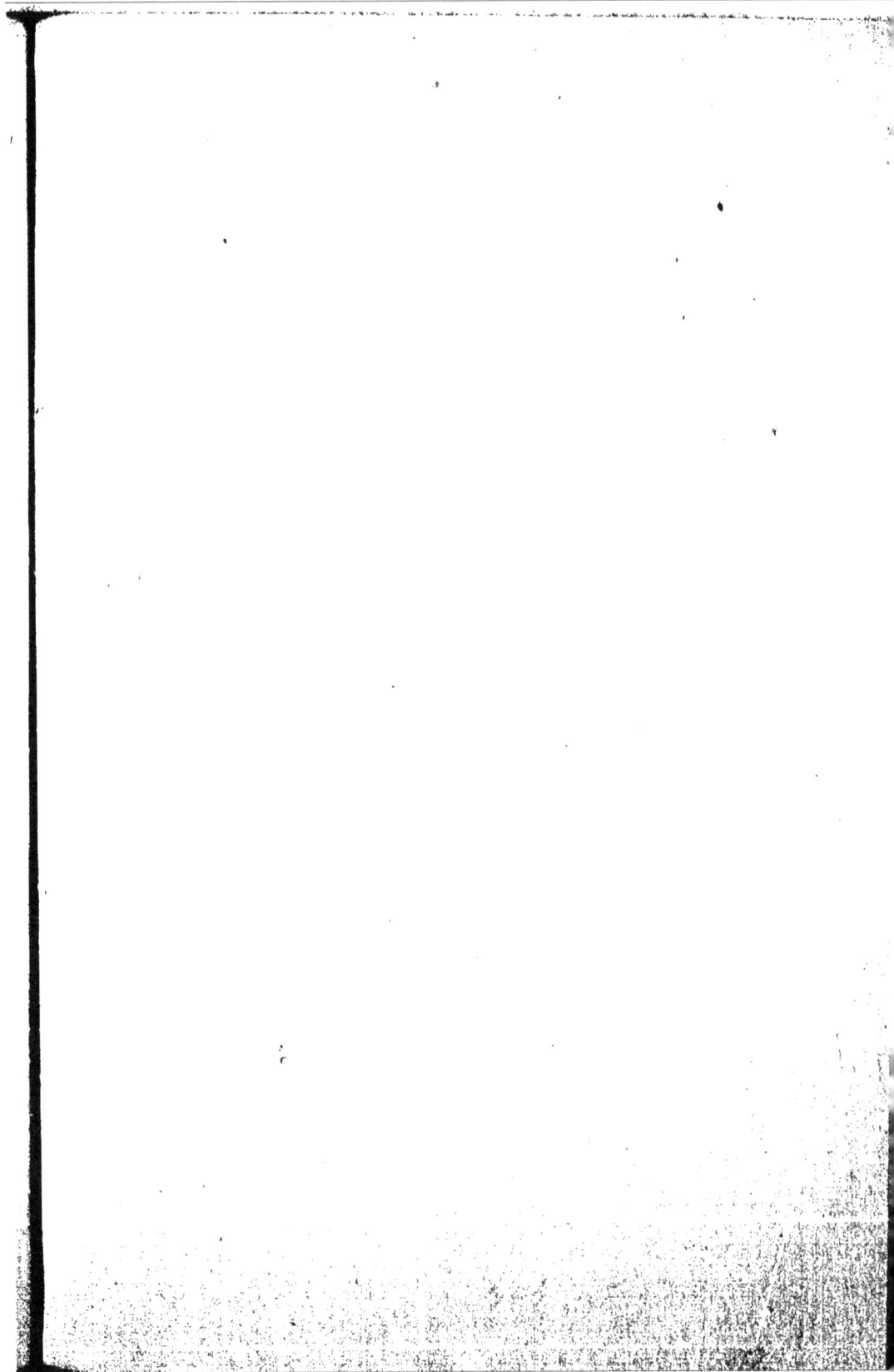

Nru 1385

10   40
                                              10

6   7   50
                          ƒ 1. 8 ..

185

                    ...que   ...
                    ...prtque   17. 50

18
27   16. 50
10   10. 55
35
376

www.ingramcontent.com/pod-product-compliance
Lightning Source LLC
Chambersburg PA
CBHW070352090426
42733CB00009B/1387